いちばんわかる 日商簿記3級の問題集

CPA会計学院 編著

第2版

はしがき

本書は、『いちばんわかる 日商簿記３級の教科書』に対応した問題集です。本書のテーマは「問題集は、この一冊だけで大丈夫」です。一冊の問題集だけで、確実に合格できる力を身につけられることを目的に制作しました。

確実に合格できる力を身につけるには、基本的な問題が解けること、応用的な問題に対応できること、模擬試験を解くこと、が必要です。そこで本書は、「基本編」、「試験対策編」、「模擬試験」の３部構成としました。これにより、教科書の復習、基本問題の確認、実践形式の応用的な問題の演習、模擬試験で実力試し、といった様々な目的に合わせた活用ができるようになっています。

また、解説も充実させています。基本的には、教科書と合わせて活用して頂くことを前提としていますが、教科書に戻らなくても、本書だけでも十分に学習ができるものとなっています。

さらに、『いちばんわかる 日商簿記３級の教科書』と同様に、「CPAラーニング」とも連携しています。

最後になりますが、『いちばんわかる 日商簿記３級の教科書』をご利用頂いた方々から、「本当にいちばんわかりやすい」との感想を多く頂きました。望外の喜びです。この場を借りてお礼を申し上げます。「いちばんわかるシリーズ」で学習された皆様が、日商簿記検定３級に合格されることを心より願っております。

2021年２月吉日

CPA会計学院　講師一同

■合格への道

1．検定試験の傾向

日商簿記検定試験（２級・３級）は、2020年12月から随時受験可能なネット試験方式が施行されました。これにより、いつでも受験できるようになった反面、過去問分析によるヤマ当てがむずかしくなりました。そのため、今まで以上に、試験範囲を幅広く学習しておく必要があります。その一方で、試験ごとに難易度の偏りが出ないようにするために、基本的な問題も多く出題されるようになっています。

以上より、日商簿記検定３級は、「試験範囲を幅広く学習し、基本的な問題を解けるようになれば、合格することができる試験」といえます。ひと言でいえば、「きちんと学習すれば合格できる試験」です。本書は、そのための力を身につけられるようになっています。

2．本書の特徴

本書では、「基本編」、「試験対策編」、「模擬試験」の３部構成となっています。

	特徴	目標
基本編	各論点の基本的な問題です。また、「教科書」の例題の改題が中心となっているため、教科書の復習としても活用できます。	検定試験では、基本的な問題も多く出題されます。基本編で、そのような問題を確実に正解する力を身につけましょう。
試験対策編	検定試験の出題方式に合わせた問題です。また、難易度の高い応用的な問題も掲載しています。	実際の出題形式に慣れ、実践的な問題や応用的な問題を解く力を養い、確実に合格できるレベルまで引き上げましょう。
模擬試験	実際の検定試験を想定した模擬試験問題です。３回分あります。	試験時間は60分、合格点は70点です。時間内に合格点を超える力があるかどうかを確認しましょう。

簿記は「基本の反復」がとても重要なんだ。だから、本書では「基本編」の問題を多く載せているんだよ。

3．本書のオススメ活用法

本書の活用法として、２つの学習ステップを以下に示しておきます。理想は❶ですが、勉強時間が十分にとれない方向けに❷も用意しました。また、どちらにしても、『いちばんわかる 日商簿記３級の教科書（以下、教科書）』は一通り学習するようにしてください。

❶ しっかり学習したい方向け

教科書、問題集、模擬試験を一通り学習し、高得点での合格を目指す戦略です。

① **教科書の学習に合わせて**

「基本編」を解きましょう。この際に、苦手な問題や、間違えた問題はマークしておくと、効率的に反復することができます。

② **教科書を一通りやったら**

①でマークした問題をもう一度確認して、「基本編」はどの問題も解けるようにしましょう。

③ **基本編が解けるようになったら**

「試験対策編」を解き、検定試験の出題形式に慣れるようにしましょう。

④ **最後に**

「模擬試験」を解きましょう。時間は60分です。合格点である70点を超えることを目標にチャレンジして下さい。

❷ 効率よく学習したい方向け

「教科書の例題＋第２問・第３問対策＋模擬試験」で合格点を超えることを目指す戦略です。検定試験の第１問（仕訳問題）では基本的な問題も多く出題されるので、第１問は教科書の例題で対策します。検定試験の第２問と第３問は、特別な対策が必要なため、試験対策編を解きましょう。

① **教科書の学習に合わせて**

教科書で難しいと感じた仕訳のみ「基本編」を解きましょう。

② **教科書を一通りやったら**

「試験対策編」の第２問対策と第３問対策を解きましょう。時間がなければ、第３問対策は3-1だけでもよいです。

③ **試験対策編をやったら**

「模擬試験」を解きましょう。間違えた論点は、「基本編」を解いたり教科書を復習したりして、確認するようにして下さい。

■本書の特徴と使い方

本書には、わかりやすさと使いやすさの工夫が多く入っています。

基本編の章番号は、『いちばんわかる 日商簿記３級の教科書』の章番号に対応しています。

目次には、チェック欄がついています。解けたら「○」を、解けなかったら「×」を記入し、どの問題も「○」にするように勉強しましょう。

目 次

基本編

▶書籍の訂正について

発行後に判明した誤植等の訂正については、下記のURLに記載しております。

cpa-learning.com/boki_teisei

1-2 貸借対照表の作成 ／□ ／□ ／□

各問題にもチェック欄をつけています。ここでは、日付も記入できるようになっています。

X1年3月31日のA社の財政状態は次のとおりである。そこで、解答欄に示した貸借対照表を作成しなさい。

現金	1,000,000	売掛金	2,000,000	買掛金	5,200,000
資本金	5,300,000	建物	8,000,000	土地	4,000,000
借入金	1,600,000	貸付金	400,000	繰越利益剰余金	?

■解答欄

貸借対照表

A社　X1年3月31日　(単位：円)

資産	金額	負債・資本	金額
現金	1,000,000	買掛金	5,200,000
(　)	(　)	(　)	(　)
建物	8,000,000	(　)	(　)
(　)	(　)	繰越利益剰余金	(　)
(　)	(　)		
	(　)		(　)

解答・解説 貸借対照表の作成

問題のすぐ下に解答と解説を用意しました。ページを行き来することなく、すぐに確認ができるようになっています。

貸借対照表

A社　X1年3月31日　(単位：円)

資産	金額	負債・資本	金額
現金	1,000,000	買掛金	5,200,000
売掛金	2,000,000	借入金	1,600,000
建物	8,000,000	資本金	5,300,000
土地	4,000,000	繰越利益剰余金	3,300,000
貸付金	400,000		
	15,400,000		15,400,000

※資産の内訳は、解答と順番が異なっても構わない。

1．本問の勘定科目

解説には、その問題で登場した勘定科目の説明を入れているので、わからない勘定科目はその場ですぐに確認することができます。

勘定科目	意味	5要素
現金	紙幣や硬貨などの通貨	資産
売掛金	商品を販売したが代金を受け取っていない場合の、代金を回収する権利	
建物	店舗・事務所・倉庫など	
土地	建物のための敷地	
貸付金	金銭を貸し付けた場合の、その金額を回収する権利	
買掛金	商品を購入したが代金を支払っていない場合の、代金の支払義務	負債

2．繰越利益剰余金の金額

まず、資産と負債の差額から資本合計を求める。そして、資本合計から資本金の額を引くことで繰越利益剰余金を算定することができる。

資本合計：資産合計15,400,000－負債合計6,800,000＝8,600,000

繰越利益剰余金：資本合計8,600,000－資本金5,300,000＝3,300,000

POINT

- 勘定科目は、「その勘定科目は、どの要素に属するのか」をおさえることが重要。
- 資産は、会社が所有するすべての財産のことで、現金、物、権利に分類される。
- 負債は、資金の調達源泉のうち返済義務のある金額のこと。
- 資本は、資金の調達源泉のうち返済義務のない金額のことで、元手と利益に分類される。

その論点のポイントとなる部分はPOINTにまとめています。

■日商簿記検定３級について

1．従来の試験制度（旧試験）と新試験について

2020年12月よりネット試験が導入され、新試験が施行されました。新試験では以下のように形式面が変更されています。なお、試験範囲に変更はありません。

	従来の試験（旧試験）	新試験
試験時間	２時間	１時間
試験形式	・年３回のペーパー試験 （統一試験）	・年３回のペーパー試験 **・随時実施のネット試験**

年３回のペーパー試験を「統一試験」といい、統一試験は６月中旬（第２日曜日）、11月下旬（第３日曜日）、２月下旬（第４日曜日）の年３回実施されます。旧試験による統一試験は2021年２月（第157回）が最後で、それ以降は新試験になります。

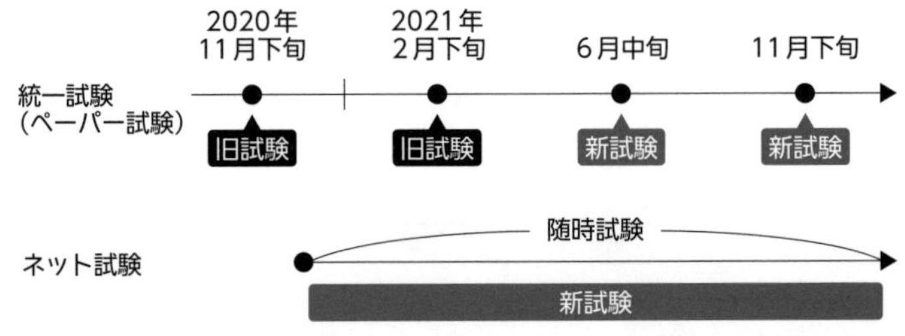

2．ネット試験とは

ネット試験は、インターネット経由で配信される問題をPCの画面上で受験する試験方式です。ネット試験は、商工会議所が認定したテストセンターで受験します（自宅での受験は不可）。また、合否はその場ですぐに判明します。問題および答案用紙はPCの画面上に表示されますが、計算用紙が配布されるので、そこまで大きな不便はありません。

ネット試験の実施日時はテストセンターにより異なります（テストセンターによっては毎日実施しているところもある）。問題の難易度や出題傾向などは統一試験と全く同じなので、ネット試験と統一試験のどちらで合格しても資格の価値は変わりません。

ネット試験の申込ページ▶
https://cbt-s.com/examinee/examination/jcci.html

3．試験の概要

<table>
<tr><td>受験資格</td><td>なし</td></tr>
<tr><td>申込期日</td><td>・統一試験
受験日の約２ヶ月前から約１ヶ月間（受験希望地の商工会議所によって、申込期日や申込方法は異なる）
・ネット試験
申込日より３日目以降（例：10日申込の場合13日以降）の予約が可能（https://cbt-s.com/examinee/examination/jcci.html）</td></tr>
<tr><td>受験料</td><td>税込3,300円（ネット試験の場合、事務手数料550円が別途発生）</td></tr>
<tr><td>試験科目</td><td>商業簿記</td></tr>
<tr><td>合格基準</td><td>70％以上</td></tr>
<tr><td>出題形式と配点</td><td>確実に合格するためにも、80点以上を取ることを目標に学習するのがオススメです。
<table>
<tr><th></th><th>形式</th><th>配点（目標点数）</th></tr>
<tr><td>第１問</td><td>仕訳問題（15問）</td><td>45点（36点）</td></tr>
<tr><td>第２問</td><td>帳簿、勘定記入、商品有高帳などの補助簿、文章の穴埋め問題など</td><td>20点（14点）</td></tr>
<tr><td>第３問</td><td>決算の総合問題</td><td>35点（30点）</td></tr>
</table></td></tr>
<tr><td>筆記用具について</td><td>試験では、HBまたはBの黒鉛筆、シャープペン、消しゴムが使用可（ラインマーカー、色鉛筆、定規等は使用不可）。なお、ネット試験の場合、筆記用具はテストセンターが用意したもののみ使用できます。</td></tr>
<tr><td>計算器具について</td><td>電卓の持ち込み可（ただし、計算機能（四則演算）のみのものに限り、例えば、次の機能があるものは持ち込み不可。
・印刷（出力）機能、メロディー（音の出る）機能、プログラム機能（例：関数電卓等の多機能な電卓、売価計算・原価計算等の公式の記憶機能がある電卓）、辞書機能（文字入力を含む）
ただし、次のような機能は、プログラム機能に該当しないものとして、試験会場での使用を可とします。
・日数計算、時間計算、換算、税計算、検算（音の出ないものに限る）</td></tr>
<tr><td>合格率</td><td>40％前後であることが多い</td></tr>
</table>

※本書の刊行時のデータです。詳細な情報や最新の情報は商工会議所のWEBサイトをご確認ください。（https://www.kentei.ne.jp/bookkeeping）

※商工会議所によっては、統一試験を実施せず、ネット試験のみの実施となっていることもあります（例：東京商工会議所）。

■CPAラーニングを活用しよう！

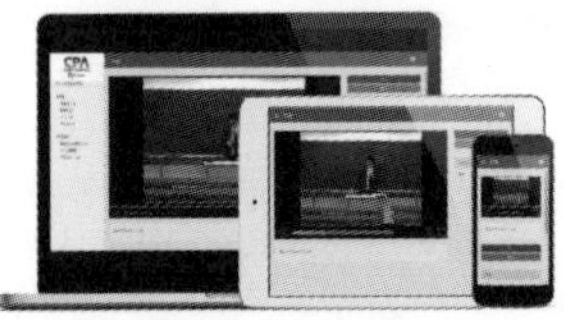

理解力・定着率が上がる「Web受講」しませんか?

CPAラーニングは、CPA会計学院が運営する、簿記を無料で学習できるWebサイト。
公認会計士講座を50年以上運営してきたCPAだからできる、1番わかりやすい簿記講座を無料で提供します。

CPAラーニングの特徴って?

☑ **プロの講義を動画で学習**

本テキストを使用した講義を受講することができます。全講義を視聴することはもちろん、理解が難しい論点のみ視聴することも可能です。講義は公認会計士講座の講師が担当しているので、本質が理解できるわかりやすい講義を展開します。

☑ **模擬試験問題や問題集もダウンロード可能**

CPAラーニングには、当テキストだけではなく、模擬試験問題や問題集なども掲載しています。
これらの教材はすべてダウンロードすることが可能です。

☑ **完全無料**

CPAラーニングのコンテンツは無料でご利用できます。
ユーザー登録は最短1分で完了します。

☑ **日商簿記1級まで学習可能**

CPAラーニングでは、日商簿記3級だけでなく2級や1級も無料で学習可能です。
2級や1級についても講義、問題集が全て閲覧/ダウンロード可能で、模擬試験も受験ができるようになっています。

☑ **ネット模試が受験可能**

近年導入されたネット試験を想定した、ネット模試を受験可能です。
試験時間などの表示もあり、本番を想定したものをご用意しています。解答終了後すぐにスコアが表示され、解説も閲覧可能です。

ご利用はこちらから
cpa-learning.com

目　次

基本編

第5章　現金預金　59

第6章　固定資産に関連した取引　71

第7章　資金の賃貸借　79

第8章　給料に関連した取引　85

第9章　その他の取引　91

第10章　帳簿と伝票　97

第14章 決算Ⅳ（精算表、月次決算） *181*

第15章 株式会社会計・税金 *199*

第16章 証ひょう *209*

試験対策編

第1問対策

第2問対策

第3問対策

模擬試験

模擬試験は、問題及び答案用紙は別冊に、解答解説は本書に収録しています。

第 1 回模擬試験

第 2 回模擬試験

第 3 回模擬試験

基本編

第 1 章

財務諸表
(貸借対照表と損益計算書)

1-1　財務諸表の基礎知識　　／□　／□　／□

次の空欄①～⑩に当てはまる語句または金額を答えなさい。

1．下記の表は（　①　）を示す財務諸表であり、（　②　）という。

（　②　）

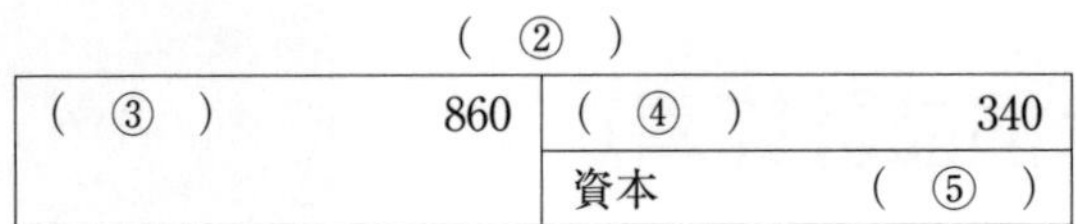

（　③　） 860	（　④　） 340
	資本　（　⑤　）

2．下記の表は（　⑥　）を示す財務諸表であり、（　⑦　）という。

（　⑦　）

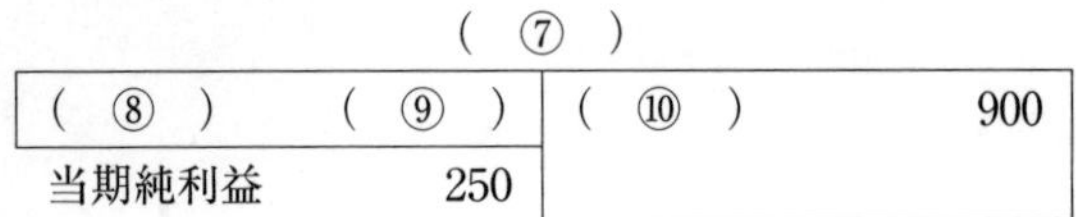

（　⑧　）（　⑨　）	（　⑩　） 900
当期純利益 250	

■ 解答欄

①		②		③		④		⑤	
⑥		⑦		⑧		⑨		⑩	

解答・解説　財務諸表の基礎知識

①	財政状態	②	貸借対照表	③	資　産	④	負　債	⑤	520
⑥	経営成績	⑦	損益計算書	⑧	費　用	⑨	650	⑩	収　益

1．下記の表は財政状態を示す財務諸表であり、貸借対照表という。

貸借対照表

資　産 860	負　債 340
	資　本 520

※資本：資産860－負債340＝520

2．下記の表は経営成績を示す財務諸表であり、損益計算書という。

損益計算書

費　用 650	収　益 900
当期純利益 250	

※費用：収益900－当期純利益250＝650

POINT

- **貸借対照表は財政状態を示す財務諸表で、資産、負債、資本の３要素を用いる。**
- **損益計算書は経営成績を示す財務諸表で、収益、費用の２要素を用いる。**

1-2 貸借対照表の作成　　／□　／□　／□

X1年３月31日のＡ社の財政状態は次のとおりである。そこで、解答欄に示した貸借対照表を作成しなさい。

現　　金	1,000,000	売　掛　金	2,000,000	買　掛　金	5,200,000
資　本　金	5,300,000	建　　物	8,000,000	土　　地	4,000,000
借　入　金	1,600,000	貸　付　金	400,000	繰越利益剰余金	？

■ 解答欄

貸借対照表

Ａ社　　X1年３月31日　　（単位：円）

資　産	金　額	負債・資本	金　額
現　　金	1,000,000	買　掛　金	5,200,000
（　　）	（　　）	（　　）	（　　）
建　　物	8,000,000	（　　）	（　　）
（　　）	（　　）	繰越利益剰余金	（　　）
（　　）	（　　）		
	（　　）		（　　）

解答・解説 貸借対照表の作成

貸借対照表

Ａ社　　X1年３月31日　　（単位：円）

資　産	金　額	負債・資本	金　額
現　　金	1,000,000	買　掛　金	5,200,000
売　掛　金	2,000,000	借　入　金	1,600,000
建　　物	8,000,000	資　本　金	5,300,000
土　　地	4,000,000	繰越利益剰余金	3,300,000
貸　付　金	400,000		
	15,400,000		15,400,000

※資産の内訳は、解答と順番が異なっても構わない。

1．本問の勘定科目

<table>
<tr><th>勘定科目</th><th>意味</th><th>5要素</th></tr>
<tr><td>現金</td><td>紙幣や硬貨などの通貨</td><td rowspan="5">資産</td></tr>
<tr><td>売掛金</td><td>商品を販売したが代金を受け取っていない場合の、代金を回収する権利</td></tr>
<tr><td>建物</td><td>店舗・事務所・倉庫など</td></tr>
<tr><td>土地</td><td>建物のための敷地</td></tr>
<tr><td>貸付金</td><td>金銭を貸し付けた場合の、その金額を回収する権利</td></tr>
<tr><td>買掛金</td><td>商品を購入したが代金を支払っていない場合の、代金の支払義務</td><td rowspan="2">負債</td></tr>
<tr><td>借入金</td><td>金銭を借り入れた場合の、その金額を返済する義務</td></tr>
<tr><td>資本金</td><td>株主から出資を受けた金額（元手）</td><td rowspan="2">資本</td></tr>
<tr><td>繰越利益剰余金</td><td>会社が稼いだ金額（利益）</td></tr>
</table>

2．繰越利益剰余金の金額

まず、資産と負債の差額から資本合計を求める。そして、資本合計から資本金の額を引くことで繰越利益剰余金を算定することができる。

資本合計：資産合計15,400,000－負債合計6,800,000＝8,600,000

繰越利益剰余金：資本合計8,600,000－資本金5,300,000＝3,300,000

POINT

- 勘定科目は、「その勘定科目は、どの要素に属するのか」をおさえることが重要。
- 資産は、会社が所有するすべての財産のことで、現金、物、権利に分類される。
- 負債は、資金の調達源泉のうち返済義務のある金額のこと。
- 資本は、資金の調達源泉のうち返済義務のない金額のことで、元手と利益に分類される。

1-3 損益計算書の作成

／□ ／□ ／□

X1年３月期（X0年４月１日～ X1年３月31日）のA社の経営成績は次のとおりである。そこで、解答欄に示した損益計算書を作成しなさい。

売上	780,000	仕入	412,000	給料	280,000
水道光熱費	83,000	受取手数料	45,000	支払利息	70,000
受取利息	51,000				

■ 解答欄

損益計算書

A社　X0年４月１日～X1年３月31日　（単位：円）

費用	金額	収益	金額
仕入	412,000	売上	780,000
(　　)	(　　)	(　　)	(　　)
(　　)	(　　)	(　　)	(　　)
(　　)	(　　)		
(　　)	(　　)		
	(　　)		(　　)

解答・解説 損益計算書の作成

損益計算書

A社　X0年４月１日～X1年３月31日　（単位：円）

費用	金額	収益	金額
仕入	412,000	売上	780,000
給料	280,000	受取手数料	45,000
水道光熱費	83,000	受取利息	51,000
支払利息	70,000		
当期純利益	31,000		
	876,000		876,000

※ 収益及び費用の内訳は、解答と順番が異なっても構わない。

1．本問の勘定科目

勘定科目	意味	5要素
売上	商品を販売し販売代金を得た場合の収益	収益
受取手数料	取引を仲介し仲介手数料を得た場合の収益	
受取利息	貸し付けたお金に対する利息を得た場合の収益	
仕入	商品を購入した場合の費用	費用
給料	従業員に給料を支払った場合の費用	
水道光熱費	水道光熱費を支払った場合の費用	
支払利息	借り入れたお金に対する利息を支払った場合の費用	

2．当期純利益の金額

収益合計876,000－費用合計845,000＝31,000

POINT

- **勘定科目は、「その勘定科目は、どの要素に属するのか」をおさえることが重要。**
- **収益は、繰越利益剰余金の増加要因のこと。**
- **費用は、繰越利益剰余金の減少要因のこと。**

1-4　借方と貸方　　/ □　/ □　/ □

次の①～⑧の勘定科目について、増加（発生）の際に借方に記入されるものと、貸方に記入されるものとに区分しなさい。

① 現　金	② 資本金	③ 借入金	④ 建　物
⑤ 貸付金	⑥ 給　料	⑦ 売　上	⑧ 仕　入

■ 解答欄

借方	
貸方	

※番号で答えること。

解答・解説　借方と貸方

借方	①　④　⑤　⑥　⑧
貸方	②　③　⑦

1．判断基準

各５要素の定位置側を増加（発生）とする。

2．本問の勘定科目と５要素

勘定科目	５要素	定位置	
① 現金	資産	借方	貸方
② 資本金	資本	借方	貸方
③ 借入金	負債	借方	貸方
④ 建物	資産	借方	貸方
⑤ 貸付金	資産	借方	貸方
⑥ 給料	費用	借方	貸方
⑦ 売上	収益	借方	貸方
⑧ 仕入	費用	借方	貸方

POINT

- **各５要素の定位置側を増加（発生）とする。**
- **資産・費用の定位置は借方、負債・資本・収益の定位置は貸方。**

1-5 貸借対照表と損益計算書の関係 ／□ ／□ ／□

次の空欄①～③に当てはまる金額を答えなさい。

1．前期（X0年３月31日）の貸借対照表は次のとおりである。

貸借対照表

X0年３月31日

資　　産	800	負　　債	300
		資　本　金	400
		繰越利益剰余金	100
	800		800

2．当期（X0年４月１日～X1年３月31日）の財務諸表は次のとおりである。

損益計算書

X0年４月１日～X1年３月31日

費　用	金　額	収　益	金　額
費　　用	350	収　　益	920
当期純利益	（ ① ）		
	（　　）		（　　）

貸借対照表

X1年３月31日

資　　産	1,570	負　　債	500
		資　本　金	（ ② ）
		繰越利益剰余金	（ ③ ）
	（　　）		（　　）

■解答欄

①		②		③	

解答・解説　貸借対照表と損益計算書の関係

①	570	②	400	③	670

1．各金額の算定

① 収益920－費用350＝570

② 前期B／S資本金400

③ 前期B／S繰越利益剰余金100＋P／L当期純利益570（①）＝670

※損益計算書の当期純利益の額だけ、貸借対照表の繰越利益剰余金は増加する。

2．全体像

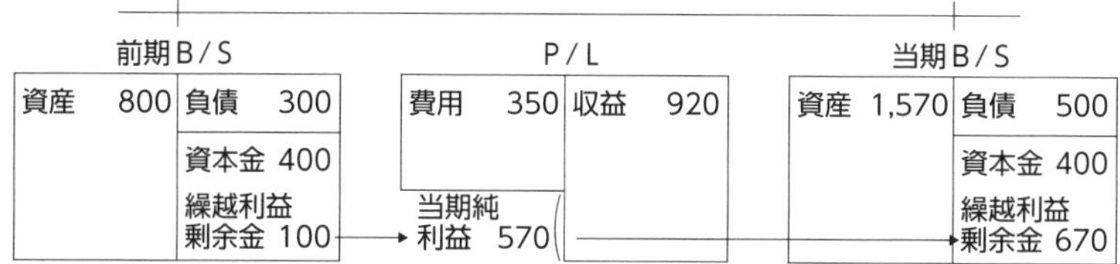

3．③の別法

③の金額は、資本合計から資本金を引くことでも算定できる。

資本合計：資産1,570－負債500＝1,070

繰越利益剰余金：資本合計1,070－資本金400＝670

POINT

- **損益計算書の当期純利益の額だけ、貸借対照表の繰越利益剰余金は増加する。**
- **貸借対照表と損益計算書の関係**
  前期B／Sの繰越利益剰余金＋P／Lの当期純利益＝当期B／Sの繰越利益剰余金

1-6 財務諸表の作成　　／□　／□　／□

目標10分

A社の当期（X0年4月1日～X1年3月31日）の取引に基づき、次の各問に答えなさい。

問1　仕訳および勘定記入を行いなさい。なお、勘定には金額のみ転記すればよい。
問2　記入した勘定にもとづき、貸借対照表および損益計算書を作成しなさい。

〔資料〕当期の取引

1．A社は、設立にあたり株主から現金3,800円を受け取った。
2．銀行から現金900円の借り入れを行った。
3．現金2,000円を支払って、土地を取得した。
4．現金600円を取引先に貸し付けた。
5．a）商品1,500円を仕入れ、現金を支払った。b）また、その商品を2,800円で売り上げ、現金を受け取った。
6．従業員へ給料1,000円を現金で支払った。

■解答欄

問1

仕　訳　帳

	借方科目	金額	貸方科目	金額
1.				
2.				
3.				
4.				
5 a.				
5 b.				
6.				

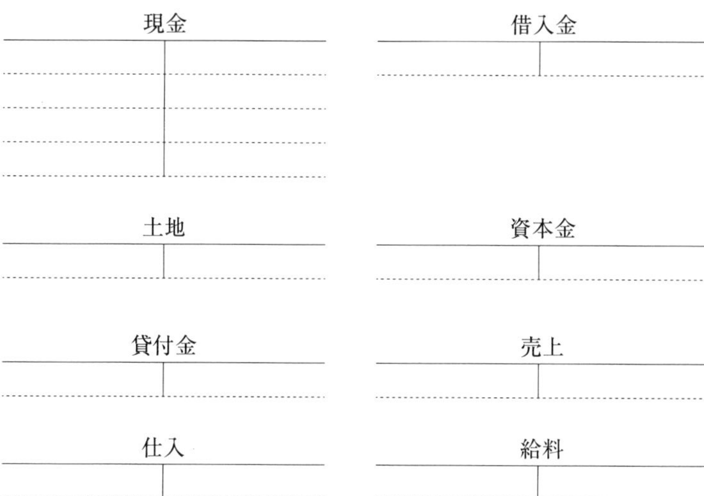

問2

貸借対照表

A社	X1年3月31日		(単位：円)
現　　　金	(　　　　)	借　入　金	(　　　　)
土　　　地	(　　　　)	資　本　金	(　　　　)
貸　付　金	(　　　　)	繰越利益剰余金	(　　　　)
	(　　　　)		(　　　　)

損益計算書

A社　X0年4月1日～X1年3月31日　(単位：円)

費　用	金　額	収　益	金　額
仕　　　入	(　　　　)	売　　　上	(　　　　)
給　　　料	(　　　　)		
当期純利益	(　　　　)		
	(　　　　)		(　　　　)

解答・解説 財務諸表の作成

問1

仕 訳 帳

	借方科目	金額	貸方科目	金額
1.	現　　　　金	3,800	資　本　金	3,800
2.	現　　　　金	900	借　入　金	900
3.	土　　　　地	2,000	現　　　金	2,000
4.	貸　付　金	600	現　　　金	600
5 a.	仕　　　　入	1,500	現　　　金	1,500
5 b.	現　　　　金	2,800	売　　　上	2,800
6.	給　　　　料	1,000	現　　　金	1,000

総 勘 定 元 帳

現金

1	3,800	3	2,000
2	900	4	600
5b.	2,800	5a.	1,500
		6	1,000

借入金

		2	900

土地

3	2,000		

資本金

		1	3,800

貸付金

4	600		

売上

		5b.	2,800

仕入

5a.	1,500		

給料

6	1,000		

※取引との関係を明確にするために取引番号を付しているが、解答は金額のみでよい。

問2

貸借対照表

A社　X1年3月31日　(単位：円)

借方	金額	貸方	金額
現　　金	2,400	借　入　金	900
土　　地	2,000	資　本　金	3,800
貸　付　金	600	繰越利益剰余金	300
	5,000		5,000

損益計算書

A社　X0年4月1日～X1年3月31日　(単位：円)

費　用	金　額	収　益	金　額
仕　　入	1,500	売　　上	2,800
給　　料	1,000		
当期純利益	300		
	2,800		2,800

1．本問の勘定科目

財務諸表	勘定科目	5要素	意味
貸借対照表	現　　金	資産	紙幣や硬貨などの通貨
	土　　地	資産	建物のための敷地
	貸　付　金	資産	金銭を貸し付けた場合の、その金額を回収する権利
	借　入　金	負債	金銭を借り入れた場合の、その金額を返済する義務
	資　本　金	資本	株主から出資を受けた金額（元手）
	繰越利益剰余金	資本	会社が稼いだ金額（利益）
損益計算書	売　　上	収益	商品の売上によって生じた収益
	仕　　入	費用	商品の仕入によって生じた費用
	給　　料	費用	従業員に給料を支払った場合の費用

2．全体像

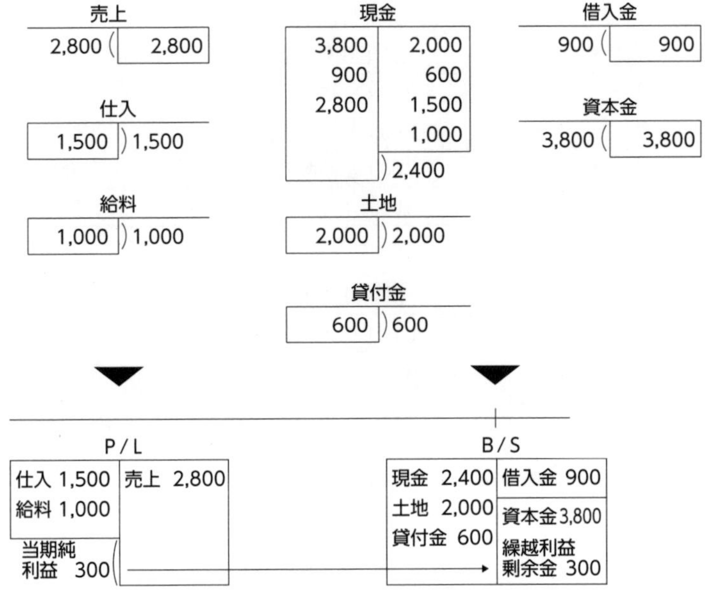

3．解く手順

① 取引ごとに、仕訳と勘定への転記を行う。

② すべての取引の勘定記入が終わったら、残高金額を算定し、その金額を財務諸表にうつす。

4．繰越利益剰余金が増減する5と6の取引は、収益・費用の勘定科目を用いる。なお、収益の発生は貸方、費用の発生は借方である。

5．損益計算書の当期純利益は貸借差額により算定する。また、貸借対照表の繰越利益剰余金は当期純利益の金額だけ増加するため300となる。

当期純利益：収益合計2,800－費用合計2,500（＝仕入1,500＋給料1,000）＝300

POINT

- 財務諸表の作成手順（試算表を作成しない場合）
  - ① 取引ごとに　：仕訳→勘定への転記
  - ② 勘定記入が終わったら：勘定残高を財務諸表にうつす
  - ③ 勘定残高をうつしたら：当期純利益を差額で算定し、その金額だけ繰越利益剰余金を増加させる
- 財務諸表を作成するためには、「仕訳を正しくきれるかどうか」がとても重要である。

第2章

簿記の全体像

2-1 財務諸表の作成（試算表含む）　／□　／□　／□

目標15分

A社の当期（X1年１月１日～X1年12月31日）の取引に基づき、次の各問に答えなさい。

問１　仕訳および勘定記入を行いなさい。
問２　記入した勘定にもとづき、合計残高試算表を作成しなさい。
問３　合計残高試算表にもとづき、損益計算書および貸借対照表を作成しなさい。

〔資料〕当期の取引

1/1　会社の設立に際して、株主から14,000円の出資を受けた。
2/1　取引銀行から現金9,000円を借り入れた。
4/10　現金10,000円を支払って建物3,500円と土地6,500円を取得した。
7/21　商品を5,800円で仕入れ、現金を支払った。
8/15　商品を9,000円で販売し、現金を受け取った。
10/1　取引銀行へ現金2,000円を返済した。
12/1　利息900円を現金で支払った。

■解答欄

問１

〈仕訳帳〉

	借方科目	金額	貸方科目	金額
1/1				
2/1				
4/10				
7/21				
8/15				
10/1				
12/1				

〈総勘定元帳〉

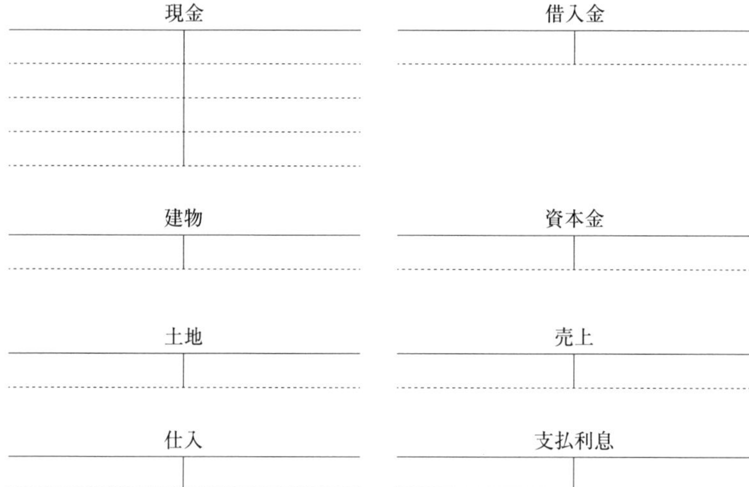

問2

合計残高試算表

借方残高	借方合計	勘定科目	貸方合計	貸方残高
		現　　金		
		建　　物		
		土　　地		
		借 入 金		
		資 本 金		
		売　　上		
		仕　　入		
		支払利息		

問3

貸借対照表

A社	X1年12月31日		(単位：円)
資　産	金　額	負債・資本	金　額
現　　　金		(　　　　)	
(　　　　)		(　　　　)	
(　　　　)		繰越利益剰余金	

損益計算書

A社	X1年1月1日～X1年12月31日		(単位：円)
費　用	金　額	収　益	金　額
仕　　　入		(　　　　)	
(　　　　)			
当期純利益			

解答・解説　財務諸表の作成（試算表含む）

問1

〈仕訳帳〉

	借方科目	金額	貸方科目	金額
1/1	現　　　金	14,000	資　本　金	14,000
2/1	現　　　金	9,000	借　入　金	9,000
4/10	建　　　物	3,500	現　　　金	10,000
	土　　　地	6,500		
7/21	仕　　　入	5,800	現　　　金	5,800
8/15	現　　　金	9,000	売　　　上	9,000
10/1	借　入　金	2,000	現　　　金	2,000
12/1	支 払 利 息	900	現　　　金	900

〈総勘定元帳〉

現金

1/1	資本金	14,000	4/10	諸口	10,000
2/1	借入金	9,000	7/21	仕入	5,800
8/15	売上	9,000	10/1	借入金	2,000
			12/1	支払利息	900

借入金

10/1	現金	2,000	2/1	現金	9,000

建物

4/10	現金	3,500			

資本金

			1/1	現金	14,000

土地

4/10	現金	6,500			

売上

			8/15	現金	9,000

仕入

7/21	現金	5,800			

支払利息

12/1	現金	900			

問2

合計残高試算表

借方残高	借方合計	勘定科目	貸方合計	貸方残高
13,300	32,000	現金	18,700	
3,500	3,500	建物		
6,500	6,500	土地		
	2,000	借入金	9,000	7,000
		資本金	14,000	14,000
		売上	9,000	9,000
5,800	5,800	仕入		
900	900	支払利息		
30,000	50,700		50,700	30,000

問3

貸借対照表

A社	X1年12月31日		(単位：円)
資　産	金　額	負債・資本	金　額
現　　　金	13,300	借　入　金	7,000
建　　　物	3,500	資　本　金	14,000
土　　　地	6,500	繰越利益剰余金	2,300
	23,300		23,300

損益計算書

A社	X1年1月1日～X1年12月31日		(単位：円)
費　用	金　額	収　益	金　額
仕　　　入	5,800	売　　　上	9,000
支払利息	900		
当期純利益	2,300		
	9,000		9,000

1．本問の勘定科目

財務諸表	勘定科目	5要素	意味
貸借対照表	現　　金	資産	紙幣や硬貨などの通貨
	建　　物	資産	店舗・事務所・倉庫など
	土　　地	資産	建物のための敷地
	借　入　金	負債	金銭を借り入れた場合の、その金額を返済する義務
	資　本　金	資本	株主から出資を受けた金額（元手）
	繰越利益剰余金	資本	会社が稼いだ金額（利益）
損益計算書	売　　上	収益	商品の売上によって生じた収益
	仕　　入	費用	商品の仕入によって生じた費用
	支払利息	費用	借り入れたお金に対する利息を支払った場合の費用

2．全体像（試算表は省略）

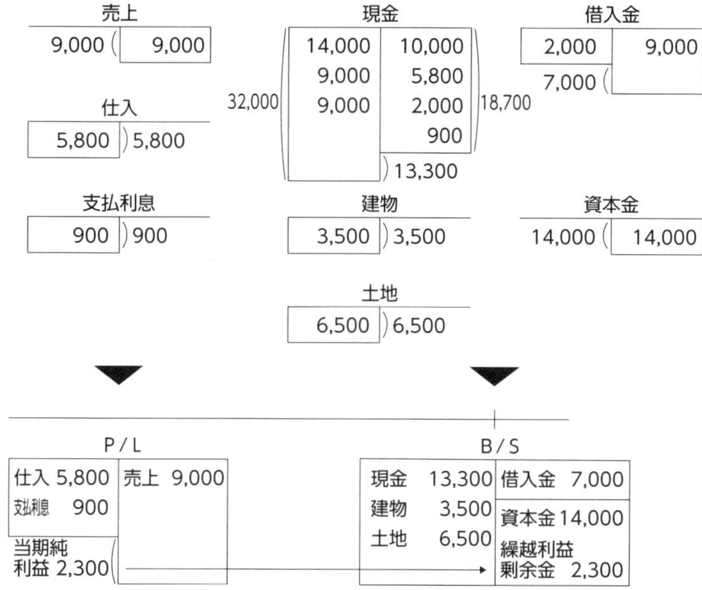

3．勘定には、金額だけでなく、日付と相手科目も記入する。なお、4/10の「現金」勘定のように、相手科目が複数になる場合は「諸口」と記入する。

4．本問の試算表は「合計残高試算表」であるため、各勘定の合計金額と残高金額の両方を記入する。

5．財務諸表は、合計残高試算表の「残高欄」の金額をうつすことで作成できる。

6．損益計算書の当期純利益は貸借差額により算定する。また、貸借対照表の繰越利益剰余金は当期純利益の金額だけ増加するため2,300となる。

当期純利益：収益合計9,000－費用合計6,700（＝仕入5,800＋支払利息900）＝2,300

POINT

- **勘定に転記する際は、金額だけでなく、日付と相手科目も記入する。なお、相手科目が複数になる場合は相手科目ではなく「諸口」と記入する。**
- **試算表には、合計試算表、残高試算表、合計残高試算表の３種類があるため、どの試算表が出題されているのかを必ず確認すること。**
- **財務諸表は、残高試算表（または、合計残高試算表の残高欄）をもとに作成することができる。**

第3章

基本的な取引と勘定科目

3-1　財務諸表の作成（試算表含む）　／□　／□　／□

目標20分

次のX1年12月中の取引について、次の各問に答えなさい。

問１　仕訳および勘定記入を行いなさい。
問２　12月31日における、合計残高試算表を作成しなさい。
問３　解答欄に示した財務諸表を作成しなさい。

〔資料〕当期の取引

12/1　会社の設立に際して現金5,000円の出資を受けた。
12/2　現金4,000円を当座預金に預け入れた。
12/3　商品1,500円を仕入れ、代金は小切手を振り出して支払った。
12/5　上記商品を4,000円で販売し、代金は小切手で受け取った。
12/9　銀行から3,000円の借り入れを行い、当座預金口座に振り込まれた。
12/10　車両800円を購入し、当座預金から支払った。
12/13　電車賃700円を現金で支払った。
12/13　商品を2,500円で仕入れ、代金は現金で支払った。
12/18　上記商品を6,000円で販売し、5,000円は小切手で受け取り、残額は当座預金に振り込まれた。
12/21　タクシー料金900円を現金で支払った。
12/22　得意先へ現金2,000円の貸し付けを行った。
12/25　従業員に給料1,500円を当座預金から支払った。
12/29　貸付金のうち500円を回収し、当座預金口座に振り込まれた。
12/31　借入金1,000円を返済するため、小切手を振り出した。

■ 解答欄

問1

〈仕訳帳〉

	借方科目	金額	貸方科目	金額
12/1				
12/2				
12/3				
12/5				
12/9				
12/10				
12/13				
12/13				
12/18				
12/21				
12/22				
12/25				
12/29				
12/31				

〈総勘定元帳〉

現金

借入金

当座預金

資本金

車両

売上

貸付金

給料

仕入

旅費交通費

問2

合計残高試算表

借方残高	借方合計	勘定科目	貸方合計	貸方残高
		現　　金		
		当座預金		
		車　　両		
		貸 付 金		
		借 入 金		
		資 本 金		
		売　　上		
		仕　　入		
		給　　料		
		旅費交通費		

問3

貸借対照表

X1年12月31日　(単位：円)

資産	金額	負債・資本	金額
現金		(　　　)	
当座預金		資本金	
車両		繰越利益剰余金	
(　　　)			

損益計算書

A社　X1年12月1日～X1年12月31日　(単位：円)

費用	金額	収益	金額
仕入		売上	
給料			
(　　　)			
当期純利益			

解答・解説 財務諸表の作成（試算表含む）

問1

〈仕訳帳〉

	借方科目	金額	貸方科目	金額
12/1	現金	5,000	資本金	5,000
12/2	当座預金	4,000	現金	4,000
12/3	仕入	1,500	当座預金	1,500
12/5	現金	4,000	売上	4,000
12/9	当座預金	3,000	借入金	3,000
12/10	車両	800	当座預金	800
12/13	旅費交通費	700	現金	700
12/13	仕入	2,500	現金	2,500
12/18	現金	5,000	売上	6,000
	当座預金	1,000		
12/21	旅費交通費	900	現金	900
12/22	貸付金	2,000	現金	2,000
12/25	給料	1,500	当座預金	1,500
12/29	当座預金	500	貸付金	500
12/31	借入金	1,000	当座預金	1,000

〈総勘定元帳〉

現金

12/1	資本金	5,000	12/2	当座預金	4,000
12/5	売上	4,000	12/13	旅費交通費	700
12/18	売上	5,000	12/13	仕入	2,500
			12/21	旅費交通費	900
			12/22	貸付金	2,000

借入金

12/31	当座預金	1,000	12/9	当座預金	3,000

当座預金

12/2	現金	4,000	12/3	仕入	1,500
12/9	借入金	3,000	12/10	車両	800
12/18	売上	1,000	12/25	給料	1,500
12/29	貸付金	500	12/31	借入金	1,000

資本金

			12/1	現金	5,000

車両

12/10 当座預金 800		

売上

	12/5 現　金 4,000
	12/18 諸　口 6,000

貸付金

12/22 現　金 2,000	12/29 当座預金 500

給料

12/25 当座預金 1,500	

仕入

12/3 当座預金 1,500	
12/13 現　金 2,500	

旅費交通費

12/13 現　金 700	
12/21 現　金 900	

問2

合計残高試算表

借方残高	借方合計	勘定科目	貸方合計	貸方残高
3,900	14,000	現　　金	10,100	
3,700	8,500	当座預金	4,800	
800	800	車　　両		
1,500	2,000	貸 付 金	500	
	1,000	借 入 金	3,000	2,000
		資 本 金	5,000	5,000
		売　　上	10,000	10,000
4,000	4,000	仕　　入		
1,500	1,500	給　　料		
1,600	1,600	旅費交通費		
17,000	33,400		33,400	17,000

問3

貸借対照表

X1年12月31日　（単位：円）

資　産	金　額	負債・資本	金　額
現　　金	3,900	借　入　金	2,000
当座預金	3,700	資　本　金	5,000
車　　両	800	繰越利益剰余金	2,900
貸　付　金	1,500		
	9,900		9,900

損益計算書

A社　X1年12月1日～X1年12月31日　（単位：円）

費　用	金　額	収　益	金　額
仕　　入	4,000	売　　上	10,000
給　　料	1,500		
旅費交通費	1,600		
当期純利益	2,900		
	10,000		10,000

1．本問の勘定科目

財務諸表	勘定科目	5要素	意味
貸借対照表	現　　金	資産	通貨や受け取った小切手
	当座預金	資産	当座預金口座にあるお金
	車　　両	資産	営業用自動車、運送用トラックなど
	貸　付　金	資産	資金を貸し付けたことによって生じた、当該金額を回収する権利
	借　入　金	負債	資金の借り入れによって生じた、返済義務
	資　本　金	資本	資本の増加額のうち、株主から出資を受けた金額（元手）
	繰越利益剰余金	資本	資本の増加額のうち、会社が稼いだ金額（利益）

財務諸表	勘定科目	5要素	意味
損益計算書	売　　上	収益	商品の売上によって生じた、資本（利益）の増加額
	仕　　入	費用	商品の仕入によって生じた、資本（利益）の減少額
	給　　料	費用	従業員への給料の支払いによって生じた、資本（利益）の減少額
	旅費交通費	費用	出張費や日々の交通費の支払いによって生じた、資本（利益）の減少額

2．全体像（試算表は省略）

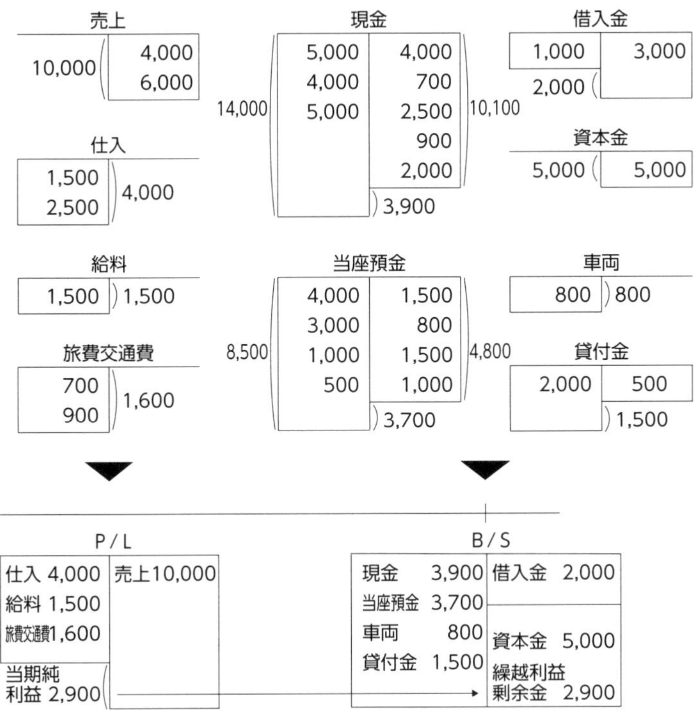

3．小切手を受け取った場合は、「現金」勘定の増加、小切手を振り出した場合は「当座預金」勘定の減少となる点に注意すること。

4．損益計算書の当期純利益は貸借差額により算定する。また、貸借対照表の繰越利益剰余金は当期純利益の金額だけ増加するため2,900となる。

当期純利益：収益合計10,000－費用合計7,100

（＝仕入4,000＋給料1,500＋旅費交通費1,600）＝2,900

POINT

・小切手を受け取った場合：「現金」勘定の増加
・小切手を振り出した場合：「当座預金」勘定の減少

第4章
商品売買

4-1 掛け取引①　　＿／□　＿／□　＿／□

次の取引について、仕訳を示しなさい。

(1)　得意先Ａ社に商品を8,500円で掛け販売した。
(2)　上記掛け代金について、小切手で受け取った。
(3)　仕入先Ｂ社から商品4,980円を仕入れ、代金は掛けとした。
(4)　上記掛け代金を小切手で支払った。

■ 解答欄

番号	借方科目	金額	貸方科目	金額

解答・解説　掛け取引①

番号	借方科目	金額	貸方科目	金額
(1)	売　掛　金	8,500	売　　上	8,500
(2)	現　　金	8,500	売　掛　金	8,500
(3)	仕　　入	4,980	買　掛　金	4,980
(4)	買　掛　金	4,980	当　座　預　金	4,980

1．本問の勘定科目

財務諸表	勘定科目	５要素	意味
貸借対照表	現　金	資産	通貨や受け取った小切手
	当座預金	資産	当座預金口座にあるお金
	売 掛 金	資産	商品を掛け売上したことによって生じた、代金を回収する権利
	買 掛 金	負債	商品を掛け仕入したことによって生じた、代金の支払義務
損益計算書	売　上	収益	商品の売上によって生じた収益
	仕　入	費用	商品の仕入によって生じた費用

2．各取引の解説

(1) 掛け販売した場合、商品代金を受け取る権利として、「売掛金」勘定の増加とする。

(2) 掛け代金を回収した場合、代金を回収する権利がなくなるため、「売掛金」勘定の減少とする。なお、小切手を受け取った場合は「現金」勘定の増加とする点に留意すること。

(3) 掛け仕入をした場合、商品代金を支払う義務として、「買掛金」勘定の増加とする。

(4) 掛け代金を支払った場合、代金を支払う義務がなくなるため、「買掛金」勘定の減少とする。なお、小切手で支払った場合は「当座預金」勘定の減少とする点に留意すること。

POINT

- **掛け売上した場合、「代金を回収する権利の増加」と捉え「売掛金」勘定の増加とする。**
- **掛け仕入した場合、「代金を支払う義務の増加」と捉え「買掛金」勘定の増加とする。**
- **小切手を受け取った場合は現金の増加、小切手を振り出した場合は当座預金の減少とする。**

4-2 掛け取引② ／□ ／□ ／□

次の取引について、仕訳を示しなさい。

(1) 得意先A社に商品を10,000円で販売し、小切手2,500円を受け取り、残額は掛けとした。

(2) 仕入先B社から商品を4,000円で仕入れ、1,200円は小切手を振り出し、残額は掛けとした。

■解答欄

番号	借方科目	金額	貸方科目	金額

解答・解説 掛け取引②

番号	借方科目	金額	貸方科目	金額
(1)	現　　金	2,500	売　　上	10,000
	売 掛 金	7,500		
(2)	仕　　入	4,000	当座預金	1,200
			買 掛 金	2,800

1．本問の勘定科目

財務諸表	勘定科目	5要素	意味
貸借対照表	現　　金	資産	通貨や受け取った小切手
	当座預金	資産	当座預金口座にあるお金
	売 掛 金	資産	商品を掛け売上したことによって生じた、代金を回収する権利
	買 掛 金	負債	商品を掛け仕入したことによって生じた、代金の支払義務
損益計算書	売　　上	収益	商品の売上によって生じた収益
	仕　　入	費用	商品の仕入によって生じた費用

2．各取引の解説

⑴　販売代金のうち、小切手を受け取った部分は「現金」勘定の増加とし、掛けとした部分は「売掛金」勘定の増加とする。

⑵　仕入代金のうち、小切手を振り出した部分は「当座預金」勘定の減少とし、掛けとした部分は「買掛金」勘定の増加とする。

POINT

・代金の一部を掛けとした場合、仕訳は2行になる。

4-3 手付金 　＿/□ ＿/□ ＿/□

次の取引について、仕訳を示しなさい。

(1) 得意先Ａ社から商品19,000円の注文を受け、手付金5,000円が当座預金口座に振り込まれた。

(2) 上記商品をＡ社に引き渡し、手付金を充当した残額は掛けとした。

(3) 当社は、Ｂ社に商品25,000円を注文し、内金として10,000円を現金で支払った。

(4) 上記商品をＢ社から受け取り、内金を相殺した残額は掛けとした。

■解答欄

番号	借方科目	金額	貸方科目	金額

解答・解説 手付金

番号	借方科目	金額	貸方科目	金額
(1)	当座預金	5,000	前受金	5,000
(2)	前受金	5,000	売上	19,000
	売掛金	14,000		
(3)	前払金	10,000	現金	10,000
(4)	仕入	25,000	前払金	10,000
			買掛金	15,000

※前払金は前渡金でもよい。

1．本問の勘定科目

財務諸表	勘定科目	5要素	意味
貸借対照表	現　　金	資産	通貨や受け取った小切手
	当座預金	資産	当座預金口座にあるお金
	売 掛 金	資産	商品を掛け売上したことによって生じた、代金を回収する権利
	前 払 金	資産	手付金を支払ったことによって生じた、商品を受け取る権利
	買 掛 金	負債	商品を掛け仕入したことによって生じた、代金の支払義務
	前 受 金	負債	手付金を受け取ったことによって生じた、商品を引き渡す義務
損益計算書	売　　上	収益	商品の売上によって生じた収益
	仕　　入	費用	商品の仕入によって生じた費用

2．各取引の解説

(1)　手付金を受け取った場合、商品を引き渡す義務として、「前受金」勘定の増加とする。なお、まだ商品を引き渡していないため、「売上」勘定の発生とはしない。

(2)　商品を販売したら、商品を引き渡す義務がなくなるため、「前受金」勘定の減少とする。また、残額の14,000円は商品代金を受け取る権利として、「売掛金」勘定を計上する。

(3)　手付金を支払った場合、商品を受け取る権利として、「前払金」勘定の増加とする。なお、まだ商品を受け取っていないため、「仕入」勘定の発生とはしない。

(4)　商品を仕入れたら商品を受け取る権利がなくなるため、「前払金」勘定の減少とする。また、残額の15,000円は商品代金を支払う義務として、「買掛金」勘定を計上する。

POINT

- **手付金を支払った場合、「商品を受け取る権利の増加」と捉え、「前払金」勘定の増加とする。**
- **手付金を受け取った場合、「商品を引き渡す義務の増加」と捉え、「前受金」勘定の増加とする。**

4-4 返品　／□　／□　／□

次の取引について、仕訳を示しなさい。また、解答欄に示した各金額を答えなさい。

(1) 当社は、得意先A社に対して商品を30,000円で掛け販売した。
(2) 上記の商品のうち、1,400円分について品違いのため返品された。
(3) 当社は、仕入先B社から商品10,000円を掛け仕入れした。
(4) 上記の商品のうち、2,300円分が発注誤りであったため返品した。

■解答欄

番号	借方科目	金額	貸方科目	金額

総売上高 ＿＿＿＿円　純売上高 ＿＿＿＿円
総仕入高 ＿＿＿＿円　純仕入高 ＿＿＿＿円

解答・解説 返品

番号	借方科目	金額	貸方科目	金額
(1)	売掛金	30,000	売上	30,000
(2)	売上	1,400	売掛金	1,400
(3)	仕入	10,000	買掛金	10,000
(4)	買掛金	2,300	仕入	2,300

総売上高 30,000 円　純売上高 28,600 円
総仕入高 10,000 円　純仕入高 7,700 円

1．本問の勘定科目

財務諸表	勘定科目	5要素	意味
貸借対照表	売掛金	資産	商品を掛け売上したことによって生じた、代金を回収する権利
	買掛金	負債	商品を掛け仕入したことによって生じた、代金の支払義務
損益計算書	売上	収益	商品の売上によって生じた収益
	仕入	費用	商品の仕入によって生じた費用

2．返品取引の解説（(2)と(4)の取引）

返品が行われた場合、商品売買時の処理を取り消す。よって、(2)売上戻りでは「売上」勘定を取り消し、(4)仕入戻しでは「仕入」勘定を取り消す。

3．純売上高・純仕入高

総売上高および総仕入高は、返品を考慮する前の金額のこと。純売上高および純仕入高は、総売上高および総仕入高から返品を控除した後の金額のこと。よって、純売上高および純仕入高は次のように計算する。

純売上高：総売上30,000－返品1,400＝28,600

純仕入高：総仕入10,000－返品2,300＝7,700

POINT

- **返品は、商品売買時の逆仕訳を行う。**
- **返品を控除する前の金額を「総額」といい、返品控除後の金額を「純額」という。**

4-5 商品売買に伴う諸経費（当社負担）　／□　／□　／□

次の取引について、仕訳を示しなさい。

(1) 得意先Ａ社へ商品を10,000円で販売し、代金は掛けとした。なお、発送費250円を現金で支払った。

(2) 仕入先Ｂ社から商品8,000円を掛けで仕入れ、引取費用200円を現金で支払った。

■解答欄

番号	借方科目	金額	貸方科目	金額

解答・解説 商品売買に伴う諸経費（当社負担）

番号	借方科目	金額	貸方科目	金額
(1)	売　掛　金	10,000	売　　上	10,000
	発　送　費	250	現　　金	250
(2)	仕　　入	8,200	買　掛　金	8,000
			現　　金	200

1．本問の勘定科目

財務諸表	勘定科目	５要素	意味
貸借対照表	現　　金	資産	通貨や受け取った小切手
	売 掛 金	資産	商品を掛け売上したことによって生じた、代金を回収する権利
	買 掛 金	負債	商品を掛け仕入したことによって生じた、代金の支払義務
損益計算書	売　　上	収益	商品の売上によって生じた収益
	仕　　入	費用	商品の仕入によって生じた費用
	発 送 費	費用	商品販売のための運送料の支払いによる費用

2．各取引の解説

⑴　発送費は売上諸掛りであるため、「発送費」勘定で処理する。

⑵　引取費用は仕入諸掛りであるため、「仕入」勘定に含めて処理する。

POINT

- **当社負担の売上諸掛りは、「発送費」勘定など費用の勘定科目で処理する。**
- **当社負担の仕入諸掛りは、「仕入」勘定に含めて処理する。**

4-6 商品売買に伴う諸経費（先方負担）　/ □　/ □　/ □

次の取引について、仕訳を示しなさい。なお、指定勘定科目を使用すること。

(1) 得意先Ａ社へ商品を5,000円で掛け販売し、同時に支払った発送費用300円を加えた5,300円をＡ社に請求した。

(2) 仕入先Ｂ社から商品4,000円を掛けで仕入れ、引取費用100円を現金で立替払いした。

指定勘定科目〔現金　売掛金　買掛金　売上　仕入　発送費〕

■解答欄

番号	借方科目	金額	貸方科目	金額

解答・解説 商品売買に伴う諸経費（先方負担）

番号	借方科目	金額	貸方科目	金額
(1)	売掛金	5,300	売上	5,300
	発送費	300	現金	300
(2)	仕入	4,000	買掛金	3,900
			現金	100

1．本問の勘定科目

財務諸表	勘定科目	5要素	意味
貸借対照表	現　　金	資産	通貨や受け取った小切手
	売 掛 金	資産	商品を掛け売上したことによって生じた、代金を回収する権利
	立 替 金	資産	代金を立替払いしたことによって生じた、代金を回収する権利
	買 掛 金	負債	商品を掛け仕入したことによって生じた、代金の支払義務
損益計算書	売　　上	収益	商品の売上によって生じた収益
	仕　　入	費用	商品の仕入によって生じた費用

2．売上は、発送費を含めた金額で計上し、支払った売上諸掛りは費用処理する。

3．(2)は問題文に「立替払いした」とあるため、先方負担と判断する。よって、引取費用は「仕入」勘定に含めない。また、指定勘定科目に「立替金」勘定がないため、立替額を相殺した額を「買掛金」とする。なお、仮に「立替金」勘定を用いる場合、(2)の仕訳は以下のようになる。

番号	借方科目	金額	貸方科目	金額
(2)	仕　　入	4,000	買 掛 金	4,000
	立 替 金	100	現　　金	100

POINT

- **売上諸掛りは、当社の費用とする。**
- **先方負担の仕入諸掛りを立替払いした場合、「立替金」勘定で処理する方法と「買掛金」勘定に加減する方法の２つがある。**

4-7 商品券　　／□　／□　／□

次の取引について、仕訳を示しなさい。

(1) 顧客へ商品を88,000円で販売し、他社が発行した商品券90,000円を受け取ったので、お釣りとして現金2,000円を渡した。

(2) 上記の商品券の換金請求を行い、同額が当座預金口座に振り込まれた。

■解答欄

番号	借方科目	金額	貸方科目	金額

解答・解説 商品券

番号	借方科目	金額	貸方科目	金額
(1)	受取商品券	90,000	売上	88,000
			現金	2,000
(2)	当座預金	90,000	受取商品券	90,000

1．本問の勘定科目

財務諸表	勘定科目	5要素	意味
貸借対照表	現　金	資産	通貨や受け取った小切手
	当座預金	資産	当座預金口座にあるお金
	受取商品券	資産	商品券と引き替えに現金などを受け取る権利
損益計算書	売　上	収益	商品の売上によって生じた収益

2．商品券を受け取った場合（(1)の取引）

受け取った商品券は、商品代金を受け取る権利として、「受取商品券」勘定の増加とする。なお、代金は商品券の発行会社から受け取るため、「受取商品券」勘定の金額は商品券の金額になる点に留意すること。

POINT

・商品券を受け取った場合は、「受取商品券」勘定の増加とする。

4-8 クレジット売掛金　/ □　/ □　/ □

次の取引について、仕訳を示しなさい。

(1) 顧客にクレジット・カード払いで商品20,000円を販売した。なお、信販会社の手数料は販売代金の２％であり、販売時に認識する。

(2) 信販会社から上記代金（手数料控除後）が、当座預金口座に振り込まれた。

■ 解答欄

番号	借方科目	金額	貸方科目	金額

解答・解説 クレジット売掛金

番号	借方科目	金額	貸方科目	金額
(1)	クレジット売掛金	19,600	売　　上	20,000
	支 払 手 数 料	400		
(2)	当 座 預 金	19,600	クレジット売掛金	19,600

1．本問の勘定科目

財務諸表	勘定科目	５要素	意味
貸借対照表	当座預金	資産	当座預金口座にあるお金
	クレジット売掛金	資産	クレジット・カードで販売した場合の信販会社から代金を受け取る権利
損益計算書	売　上	収益	商品の売上によって生じた収益
	支払手数料	費用	手数料を支払うことによって生じた費用

2．クレジット・カードによる販売（(1)の取引）

クレジット・カードの提示を受けて商品を販売した場合、信販会社から代金を受け取る権利として、「クレジット売掛金」勘定の増加とする。また、信販会社への手数料は「支払手数料」勘定とする。

クレジット売掛金：販売金額20,000－支払手数料400＝19,600

支払手数料：販売金額20,000×２％＝400

3．支払手数料を代金回収時に認識する方法（参考）

本問では、「信販会社の手数料は販売時に認識する」とあるため、(1)の時点で「支払手数料」勘定を計上する。仮に、「信販会社の手数料は代金回収時に認識する」の場合は次のようになる。

(1)	(借)	クレジット売掛金	20,000	(貸)	売　　　上	20,000
(2)	(借)	当　座　預　金	19,600	(貸)	クレジット売掛金	20,000
		支　払　手　数　料	400			

POINT

- クレジット・カードの提示を受けて商品を販売した場合は、「クレジット売掛金」勘定の増加とする。
- 信販会社への手数料は、「支払手数料」勘定の発生とする。

4-9 約束手形①

_/□ _/□ _/□

次の取引について、仕訳を示しなさい。

(1) 仕入先Ａ社から商品8,500円を仕入れ、代金はＡ社受け取り、当社振り出しの約束手形で支払った。
(2) 上記約束手形が満期となり、手形代金が当座預金から引き落とされた。
(3) 得意先Ｂ社へ商品12,400円を販売し、代金はＢ社振り出しの約束手形を受け取った。
(4) 上記約束手形が満期となり、手形代金が当座預金に入金された。

■解答欄

番号	借方科目	金額	貸方科目	金額

解答・解説 約束手形①

番号	借方科目	金額	貸方科目	金額
(1)	仕　入	8,500	支払手形	8,500
(2)	支払手形	8,500	当座預金	8,500
(3)	受取手形	12,400	売　上	12,400
(4)	当座預金	12,400	受取手形	12,400

1．本問の勘定科目

財務諸表	勘定科目	5要素	意味
貸借対照表	当座預金	資産	当座預金口座にあるお金
	受取手形	資産	手形代金を回収する権利
	支払手形	負債	手形代金を支払う義務
損益計算書	売　上	収益	商品の売上によって生じた収益
	仕　入	費用	商品の仕入によって生じた費用

2．各取引の解説

⑴　約束手形を振り出した場合、手形代金の支払義務として「支払手形」勘定の増加とする。

⑶　他社が振り出した約束手形を受け取った場合、手形代金を回収する権利として「受取手形」勘定の増加とする。

POINT

・商品を販売し約束手形を受け取った場合は、「受取手形」勘定の増加とする。
・商品を仕入れ約束手形を振り出した場合は、「支払手形」勘定の増加とする。

4-10 約束手形②

/ □ / □ / □

次の取引について、仕訳を示しなさい。

(1) 仕入先Ａ社から商品を11,200円で購入し、代金は掛けとした。

(2) 上記掛け代金の決済日となったが、支払期日を延長するために、Ａ社の了承を得たうえで、約束手形11,200円を振り出した。

■解答欄

番号	借方科目	金額	貸方科目	金額

解答・解説 約束手形②

番号	借方科目	金額	貸方科目	金額
(1)	仕　　入	11,200	買　掛　金	11,200
(2)	買　掛　金	11,200	支　払　手　形	11,200

1．本問の勘定科目

財務諸表	勘定科目	5要素	意味
貸借対照表	支払手形	負債	手形代金を支払う義務
	買 掛 金	負債	商品を掛け仕入したことによって生じた、代金の支払義務
損益計算書	仕　入	費用	商品の仕入によって生じた費用

2．約束手形への変更（(2)の取引）

通常の掛け取引により生じた債務を約束手形に変更した場合、「買掛金」勘定から「支払手形」勘定へ振り替える。

POINT

- **通常の掛け取引を手形取引へ変更した場合、掛けの勘定科目から手形の勘定科目に振り替える。**

4-11 電子記録による債権・債務　／□　／□　／□

次の取引について、各社の仕訳を示しなさい。

(1) A社はB社に対する買掛金について発生記録の請求を行い、A社において電子記録債務が120,000円生じた。

(2) 上記電子記録債務の決済日となり、A社の当座預金口座からB社の当座預金口座に支払われた。

■解答欄

① A社

番号	借方科目	金額	貸方科目	金額

② B社

番号	借方科目	金額	貸方科目	金額

解答・解説 電子記録による債権・債務

① A社

番号	借方科目	金額	貸方科目	金額
(1)	買掛金	120,000	電子記録債務	120,000
(2)	電子記録債務	120,000	当座預金	120,000

② B社

番号	借方科目	金額	貸方科目	金額
(1)	電子記録債権	120,000	売掛金	120,000
(2)	当座預金	120,000	電子記録債権	120,000

1．本問の勘定科目

財務諸表	勘定科目	5要素	意味
貸借対照表	当座預金	資産	当座預金口座にあるお金
	売 掛 金	資産	商品を掛け売上したことによって生じた、代金を回収する権利
	電子記録債権	資産	電子記録債権を回収する権利
	買 掛 金	負債	商品を掛け仕入したことによって生じた、代金の支払義務
	電子記録債務	負債	電子記録債務を返済する義務

2．電子記録債権・債務の発生（(1)の取引）

電子記録債権・債務が発生した場合、債権者であるＢ社では「電子記録債権」勘定が生じ、債務者であるＡ社では「電子記録債務」勘定が生じる。

POINT

・電子記録による債権債務は、「電子記録債権」勘定および「電子記録債務」勘定で処理する。

4-12 貸倒れ　＿/□ ＿/□ ＿/□

次の取引について、仕訳を示しなさい。

(1) 得意先A社に対する売掛金2,900円が貸し倒れた。

(2) 前期に貸倒処理したB社に対する売掛金3,800円を現金で回収した。

■ 解答欄

番号	借方科目	金額	貸方科目	金額

解答・解説 貸倒れ

番号	借方科目	金額	貸方科目	金額
(1)	貸　倒　損　失	2,900	売　　掛　　金	2,900
(2)	現　　　　　金	3,800	償却債権取立益	3,800

1．本問の勘定科目

財務諸表	勘定科目	5要素	意味
貸借対照表	現　　金	資産	通貨や受け取った小切手
	売 掛 金	資産	商品を掛け売上したことによって生じた、代金を回収する権利
損益計算書	償却債権取立益	収益	前期以前に貸倒処理した金額を当期に回収した場合の収益
	貸倒損失	費用	貸倒れが生じた場合の費用

2．各取引の解説

(1) 売掛金の貸倒れが生じた場合、「売掛金」勘定を減少させるとともに、「貸倒損失」勘定の発生とする。

(2) 前期以前に貸倒処理した債権を当期に回収した場合、「償却債権取立益」勘定の発生とする。

POINT

- **売上債権の貸倒れが生じた場合は、「貸倒損失」勘定の発生とする。**
- **前期以前に貸倒処理した債権を当期に回収した場合は、「償却債権取立益」勘定の発生とする。**

MEMO

MEMO

第5章

現金預金

問題	ページ	出題論点
5-1	60	通貨代用証券
5-2	62	現金過不足
5-3	64	小切手の応用的な取引
5-4	66	預金に関するその他の論点
5-5	68	小口現金

5-1 通貨代用証券 ／□ ／□ ／□

次の取引について、仕訳を示しなさい。

⑴ 商品の手付金として、A社から同社振出の小切手30,000円を受け取った。
⑵ B社に対する売掛金303,000円を回収し、送金小切手を受け取った。
⑶ C社に対して商品を429,000円で販売し、通貨100,000円および郵便為替証書200,000円を受け取り、残額は掛けとした。

■解答欄

番号	借方科目	金額	貸方科目	金額

解答・解説 通貨代用証券

番号	借方科目	金額	貸方科目	金額
⑴	現　　金	30,000	前 受 金	30,000
⑵	現　　金	303,000	売 掛 金	303,000
⑶	現　　金	300,000	売　　上	429,000
	売 掛 金	129,000		

1．本問の勘定科目

財務諸表	勘定科目	5要素	意味
貸借対照表	現　金	資産	通貨および通貨代用証券
	売 掛 金	資産	商品を掛け売上したことによって生じた、代金を回収する権利
	前 受 金	負債	手付金を受け取ったことによって生じた、商品を引き渡す義務
損益計算書	売　上	収益	商品の売上によって生じた収益

2．現金とは

簿記における現金には、通貨の他に通貨代用証券が含まれる。通貨代用証券とは、金融機関ですぐに換金可能な証券のことで、他人振出の小切手、送金小切手、郵便為替証書が該当する。よって、これらを受け取った場合は、「現金」勘定の増加にする。

POINT

- **現金＝通貨＋通貨代用証券**
- **通貨代用証券とは、他人振出の小切手、郵便為替証書、送金小切手のこと。**

5-2 現金過不足

　/ □　/ □　/ □

次の取引について、仕訳を示しなさい。

⑴　現金の帳簿残高は50,000円であるが、実際有高は47,000円であった。

⑵　上記の現金過不足の原因が、支払利息1,000円と旅費交通費2,000円の記帳もれと判明した。

■ 解答欄

番号	借方科目	金額	貸方科目	金額

解答・解説　現金過不足

番号	借方科目	金額	貸方科目	金額
⑴	現金過不足	3,000	現金	3,000
⑵	支払利息	1,000	現金過不足	3,000
	旅費交通費	2,000		

1．本問の勘定科目

財務諸表	勘定科目	5要素	意味
貸借対照表	現金	資産	通貨および通貨代用証券
損益計算書	支払利息	費用	借り入れたお金に対する利息を支払った場合の費用
	旅費交通費	費用	出張費や日々の交通費を支払った場合の費用
—	現金過不足	仮勘定	現金過不足の発生額を計上する仮勘定

2．現金過不足の発生（⑴の取引）

現金の帳簿残高より実際有高の方が少ないため、現金の不足が生じている。よって、「現金」勘定を減少させ、相手勘定として借方に「現金過不足」勘定を計上する。

現金過不足：実際有高47,000－帳簿残高50,000＝△3,000

POINT

- 現金過不足の発生時は「現金」勘定の残高が実際有高になるように修正し、現金の相手勘定を「現金過不足」勘定とする。
- 現金過不足の原因が判明したら、「現金過不足」勘定を取り消し、正しい勘定科目を計上する。

5-3 小切手の応用的な取引 ／□ ／□ ／□

次の取引について、仕訳を示しなさい。

(1) A社に対して商品を8,000円で販売し、代金は同社振出の小切手を受け取って、これをただちに当座預金口座に入金した。

(2) B社に対する売掛金8,900円の回収として、小切手を受け取った。当該小切手の振出人は当社であった。

■解答欄

番号	借方科目	金額	貸方科目	金額

解答・解説 小切手の応用的な取引

番号	借方科目	金額	貸方科目	金額
(1)	当座預金	8,000	売上	8,000
(2)	当座預金	8,900	売掛金	8,900

1．本問の勘定科目

財務諸表	勘定科目	5要素	意味
貸借対照表	当座預金	資産	当座預金口座にあるお金
	売掛金	資産	商品を掛け売上したことによって生じた、代金を回収する権利
損益計算書	売上	収益	商品の売上によって生じた収益

2．各取引の解説

(1) 受け取った小切手をただちに当座預金に入金した場合、「当座預金」勘定の増加とする。

(2) 受け取った小切手の振出人は当社であるため、自己振出小切手に該当する。自己振出小切手を受け取った場合、「当座預金」勘定の減少を取り消すために、「当座預金」勘定の増加とする。

・小切手のまとめ

他人振出の小切手を受け取った場合……………………「現金」勘定の増加
他人振出の小切手をただちに当座預金口座に預金した場合…「当座預金」勘定の増加
自己振出小切手を受け取った場合………………………「当座預金」勘定の増加

5-4 預金に関するその他の論点

／□　／□　／□

次の取引について、仕訳を示しなさい。

⑴　買掛金235,000円の支払いのために小切手を振り出した。なお、当座預金の残高は150,000円であるが、当座借越契約（限度額400,000円）を結んでいる。

⑵　事務所の家賃として、391,000円を普通預金口座から振り込んだ。なお、振込手数料は400円であった。

⑶　定期預金の満期日となり、元金100,000円と利息500円の元利合計が普通預金口座に振り込まれた。

⑷　当社はＡ銀行とＢ銀行の２行に対して普通預金口座を開設しており、それぞれの口座残高を示す勘定科目として、「Ａ銀行－普通預金」、「Ｂ銀行－普通預金」を用いている。本日、売掛金198,000円がＡ銀行の普通預金口座に振り込まれた。

■解答欄

番号	借方科目	金額	貸方科目	金額

解答・解説　預金に関するその他の論点

番号	借方科目	金額	貸方科目	金額
⑴	買掛金	235,000	当座預金	235,000
⑵	支払家賃	391,000	普通預金	391,400
	支払手数料	400		
⑶	普通預金	100,500	定期預金	100,000
			受取利息	500
⑷	Ａ銀行－普通預金	198,000	売掛金	198,000

1．本問の勘定科目

財務諸表	勘定科目	5要素	意味
貸借対照表	当座預金	資産	当座預金口座にあるお金
	普通預金	資産	普通預金口座にあるお金
	定期預金	資産	定期預金口座にあるお金
	A銀行－普通預金	資産	A銀行の普通預金口座にあるお金
	売掛金	資産	商品を掛け売上したことによって生じた、代金を回収する権利
	買掛金	負債	商品を掛け仕入したことによって生じた、代金の支払義務
損益計算書	受取利息	収益	利息の受け取りによって生じた収益
	支払家賃	費用	家賃の支払いによって生じた費用
	支払手数料	費用	手数料の支払いによって生じた費用

2．各取引の解説

(1) 当座借越契約を結んでいる場合、その限度額までなら当座預金をマイナス残高（当座借越）にすることができる。なお、取引直後の「当座預金」勘定の残高は、貸方残高になる。

取引直後の「当座預金」勘定の残高：取引前150,000－支払235,000＝△85,000

(2) 普通預金は「普通預金」勘定で処理する。また、支払った手数料は「支払手数料」勘定の発生とする。

(3) 定期預金は「定期預金」勘定で処理する。また、受け取った利息は「受取利息」勘定の発生とする。

(4) 複数の銀行口座を管理する場合、銀行名と口座種類を組み合わせた勘定科目を用いる。なお、どのような勘定科目にするかは、問題文の指示に従うこと。

POINT

- 当座借越の場合、「当座預金」勘定の残高は貸方残高となる。
- 預金の勘定科目には「当座預金」勘定、「普通預金」勘定、「定期預金」勘定がある。また、銀行名と口座種類を組み合わせた勘定科目を用いることもある。

5-5 小口現金

/ □ / □ / □

次の取引について、仕訳を示しなさい。

⑴ 定額資金前渡制度による小口現金制度を採用するため、経理係は用度係に小切手5,000円を振り出して小口現金を渡した。

⑵ ⑴の１週間後、用度係から、発送費1,200円、消耗品費300円、旅費交通費1,300円の支払いを行ったと報告を受けた。

⑶ ⑵の報告を受け、経理係は支払額と同額の小切手を振り出して小口現金の補給を行った。

■ 解答欄

番号	借方科目	金額	貸方科目	金額

解答・解説 小口現金

番号	借方科目	金額	貸方科目	金額
⑴	小口現金	5,000	当座預金	5,000
⑵	発送費	1,200	小口現金	2,800
	消耗品費	300		
	旅費交通費	1,300		
⑶	小口現金	2,800	当座預金	2,800

1．本問の勘定科目

財務諸表	勘定科目	5要素	意味
貸借対照表	小口現金	資産	小口現金の残高
	当座預金	資産	当座預金口座にあるお金
損益計算書	発 送 費	費用	運送料の支払いによる費用
	消耗品費	費用	文房具、コピー用紙、蛍光灯などすぐに使ってしまう物品を購入した場合の費用
	旅費交通費	費用	出張費や日々の交通費を支払った場合の費用

2．小口現金

小口現金制度を採用している場合、小口現金は「小口現金」勘定で処理し、「現金」勘定は用いない。

3．定額資金前渡制度

定額資金前渡制度を採用している場合、支払額と同額を補給する。よって、(2)における「小口現金」勘定の減少額と、(3)における「小口現金」勘定の増加額は一致する。

POINT

・**小口現金は、「現金」勘定ではなく「小口現金」勘定を用いる。**

第6章

固定資産に関連した取引

6-1 家賃と地代　／□　／□　／□

次の取引について、仕訳を示しなさい。

(1)　A社に家賃113,000円、地代300,000円の合計413,000円を現金で支払った。

(2)　当社の普通預金口座に500,000円が振り込まれた。内訳は、家賃300,000円、地代200,000円である。

■解答欄

番号	借方科目	金額	貸方科目	金額

解答・解説　家賃と地代

番号	借方科目	金額	貸方科目	金額
(1)	支払家賃	113,000	現金	413,000
	支払地代	300,000		
(2)	普通預金	500,000	受取家賃	300,000
			受取地代	200,000

1．本問の勘定科目

財務諸表	勘定科目	5要素	意味
貸借対照表	現金	資産	通貨および通貨代用証券
	普通預金	資産	普通預金口座にあるお金
損益計算書	受取家賃	収益	家賃の受け取りによって生じた収益
	受取地代	収益	地代の受け取りによって生じた収益
	支払家賃	費用	家賃の支払いによって生じた費用
	支払地代	費用	地代の支払いによって生じた費用

POINT

・家賃を受け取ったら「受取家賃」勘定、地代を受け取ったら「受取地代」勘定を計上する。

・家賃を支払ったら「支払家賃」勘定、地代を支払ったら「支払地代」勘定を計上する。

6-2 敷金と仲介手数料 ／□ ／□ ／□

次の取引について、仕訳を示しなさい。

(1) 当社は、事務所開設のため、建物の賃貸借契約を締結した。家賃は月額98,000円であり、敷金（家賃の４ヶ月分)、仲介手数料（家賃の２ヶ月分）および当月分の家賃の合計額を小切手で支払った。

■解答欄

番号	借方科目	金額	貸方科目	金額

解答・解説 敷金と仲介手数料

番号	借方科目	金額	貸方科目	金額
(1)	差入保証金	392,000	当座預金	686,000
	支払手数料	196,000		
	支払家賃	98,000		

1．本問の勘定科目

財務諸表	勘定科目	５要素	意味
貸借対照表	当座預金	資産	当座預金口座にあるお金
	差入保証金	資産	敷金を支払うことによって生じた、敷金の返金を受ける権利
損益計算書	支払手数料	費用	手数料の支払いによって生じた費用
	支払家賃	費用	家賃の支払いによって生じた費用

2．敷金は返還されるため、支払った金額を「資産」の増加とする。
差入保証金：家賃98,000×４ヶ月＝392,000

3．仲介手数料は返還されないため、支払った金額を「費用」の発生とする。
支払手数料：家賃98,000×２ヶ月＝196,000

POINT

- 敷金は返還されるため、支払った金額を「差入保証金」勘定として資産の増加とする。
- 手数料は返還されないため、支払った金額を「支払手数料」勘定として費用の発生とする。

6-3 固定資産の取得 ／□ ／□ ／□

次の取引について、仕訳を示しなさい。

(1) 備品1,000,000円を購入し、代金は小切手を振り出して支払った。なお、運送費20,000円、据付費80,000円を現金で支払った。

■解答欄

番号	借方科目	金額	貸方科目	金額

解答・解説 固定資産の取得

番号	借方科目	金額	貸方科目	金額
(1)	備　　品	1,100,000	当　座　預　金	1,000,000
			現　　金	100,000

1．本問の勘定科目

財務諸表	勘定科目	5要素	意味
貸借対照表	現　　金	資産	通貨および通貨代用証券
	当座預金	資産	当座預金口座にあるお金
	備　　品	資産	建物・車両・土地以外の固定資産（パソコン、デスク、棚など）

2．付随費用

固定資産の取得原価は、購入代価に付随費用を加算した金額とする。付随費用とは、固定資産が使用可能となるまでの支出であるため、運送費と据付費の金額は付随費用として備品の取得原価に含める。

備品：購入代価1,000,000＋付随費用100,000（＝運送費20,000＋据付費80,000）
＝1,100,000

POINT

・固定資産の取得原価＝購入代価＋付随費用

6-4 固定資産の売却と未収金・未払金 ／□ ／□ ／□

次の取引について、仕訳を示しなさい。

(1) 土地（取得原価440,000円）を売却し、代金500,000円は小切手で受け取った。

(2) 土地（取得原価2,040,000円）を売却し、代金1,500,000円は後払いとした。

(3) 土地を取得し、代金100,000円は現金で支払い、残額200,000円は翌月末に支払うこととした。

■解答欄

番号	借方科目	金額	貸方科目	金額

解答・解説 固定資産の売却と未収金・未払金

番号	借方科目	金額	貸方科目	金額
(1)	現　金	500,000	土　地	440,000
			固定資産売却益	60,000
(2)	未収入金	1,500,000	土　地	2,040,000
	固定資産売却損	540,000		
(3)	土　地	300,000	現　金	100,000
			未払金	200,000

※未収入金は未収金でもよい。

1．本問の勘定科目

財務諸表	勘定科目	5要素	意味
貸借対照表	現　　金	資産	通貨および通貨代用証券
	未収入金	資産	商品以外の物品を後払いで売却したことによって生じた、代金を回収する権利
	土　　地	資産	建物のための敷地
	未 払 金	負債	商品以外の物品を後払いで購入したことによって生じた、代金を支払う義務
損益計算書	固定資産売却益	収益	固定資産を取得原価よりも高い金額で売却した場合の収益
	固定資産売却損	費用	固定資産を取得原価よりも低い金額で売却した場合の費用

2．固定資産売却損益（(1)、(2)の取引）

(1)　土地の取得原価より売却金額の方が高いので、固定資産売却益となる。
　　固定資産売却益：売却金額500,000－取得原価440,000＝60,000

(2)　土地の取得原価より売却金額の方が低いので、固定資産売却損となる。
　　固定資産売却損：売却金額1,500,000－取得原価2,040,000＝△540,000

3．未収入金と未払金（(2)、(3)の取引）

　商品以外の物品の売買において、代金が後払いの場合の、債権債務の勘定科目は「未収入金」勘定、「未払金」勘定を用いる。

POINT

- **土地の売却に係る固定資産売却損益は、売却金額と土地の取得原価の差額により算定する。**
  売却金額 > 土地の取得原価 … 固定資産売却益
  売却金額 < 土地の取得原価 … 固定資産売却損
- **商品以外の物品の売買から生じる債権・債務は、「未収入金」勘定・「未払金」勘定で処理する。**

第6章　固定資産に関連した取引

6-5 固定資産の修理 ＿/□ ＿/□ ＿/□

次の取引について、仕訳を示しなさい。

(1) 建物の修繕を行い350,000円を小切手で支払った。なお、支払額のうち100,000円は資本的支出に該当すると判断した。

■ 解答欄

番号	借方科目	金額	貸方科目	金額

解答・解説 固定資産の修理

番号	借方科目	金額	貸方科目	金額
(1)	建　　物	100,000	当 座 預 金	350,000
	修 繕 費	250,000		

1．本問の勘定科目

財務諸表	勘定科目	5要素	意味
貸借対照表	当座預金	資産	当座預金口座にあるお金
	建　物	資産	店舗、本社ビル、倉庫など
損益計算書	修 繕 費	費用	収益的支出によって生じた費用

2．修繕について

支払額350,000円のうち100,000円が資本的支出であるため、残額の250,000円は収益的支出である。

資本的支出（100,000円）：資本的支出は資産の価値を高める支出であるため、「建物」勘定の増加とする。

収益的支出（250,000円）：収益的支出は単なる経費の支払いと捉え、「修繕費」勘定の発生とする。

POINT

- **原状回復や現状維持のための支出を「収益的支出（または単に修繕）」といい、「修繕費」勘定により費用の発生として処理する。**
- **固定資産の価値を高める支出を「資本的支出（または改良）」といい、「建物」勘定などの資産の増加として処理する。**

第7章
資金の貸借

7-1 資金の貸し付け、借り入れ　／□　／□　／□

次の取引について、仕訳を示しなさい。なお、利息の計算が必要な場合は、月割計算をすること。

(1) 250,000円の貸し付けを行い、利息10,000円を控除した残額について、現金を支払った。

(2) 上記貸付金を現金で回収した。

(3) 取引銀行から120,000円を借り入れ、現金を受け取った。なお、借入期間は6ヶ月間、利率は年4％（後払い）である。

(4) 上記借入金の返済を行い、利息と合わせて当座預金から支払った。

■解答欄

番号	借方科目	金額	貸方科目	金額

解答・解説 資金の貸し付け、借り入れ

番号	借方科目	金額	貸方科目	金額
(1)	貸付金	250,000	現金	240,000
			受取利息	10,000
(2)	現金	250,000	貸付金	250,000
(3)	現金	120,000	借入金	120,000
(4)	借入金	120,000	当座預金	122,400
	支払利息	2,400		

1．本問の勘定科目

財務諸表	勘定科目	5要素	意味
貸借対照表	現　　金	資産	通貨および通貨代用証券
	当座預金	資産	当座預金口座にあるお金
	貸 付 金	資産	資金を貸し付けたことによって生じた、当該金額を回収する権利
	借 入 金	負債	資金の借り入れによって生じた、返済義務
損益計算書	受取利息	収益	利息を受け取ったことによる収益
	支払利息	費用	利息を支払ったことによる費用

2．各取引の解説

(1)　資金の貸し付けと利息の受け取りが同時に行われている。よって、解答の仕訳は次の仕訳を1つにまとめたものである。

（借）貸 付 金　250,000　（貸）現　　金　250,000
（借）現　　金　10,000　（貸）受取利息　10,000

(4)　借入金の返済と利息の支払いが同時に行われている。よって、解答の仕訳は次の仕訳を1つにまとめたものである。

（借）借 入 金　120,000　（貸）当座預金　120,000
（借）支払利息　2,400　（貸）当座預金　2,400

※支払利息：借入金120,000×４％×６ヶ月/12ヶ月＝2,400

POINT

・利息を受け取った場合は「受取利息」勘定の発生とし、利息を支払った場合は「支払利息」勘定の発生とする。
・２つの取引が同時に行われた場合は、取引を分けて考えると理解がしやすい。

7-2 役員に対する貸付金など　　／□　／□　／□

次の取引について、仕訳を示しなさい。

(1) 当社の従業員へ現金1,230,000円を貸し付けた。

(2) かねて当社の取締役から借り入れた3,000,000円を、現金で返済した。

■ 解答欄

番号	借方科目	金額	貸方科目	金額

解答・解説 役員に対する貸付金など

番号	借方科目	金額	貸方科目	金額
(1)	従業員貸付金	1,230,000	現　　金	1,230,000
(2)	役員借入金	3,000,000	現　　金	3,000,000

1．本問の勘定科目

財務諸表	勘定科目	5要素	意味
貸借対照表	現　　金	資産	通貨および通貨代用証券
	従業員貸付金	資産	当社の従業員に対して資金を貸し付けたことによって生じた、当該金額を回収する権利
	役員借入金	負債	当社の役員から資金を借り入れたことによって生じた、返済義務

2．各取引の解説

(1) 従業員に対して貸し付けを行った場合、「従業員貸付金」勘定で処理する。

(2) 役員からの借り入れを行った場合、「役員借入金」勘定で処理する。

POINT

- **自社の役員や従業員への貸付金・借入金は、その内容に応じて「役員貸付金」勘定、「従業員貸付金」勘定、「役員借入金」勘定で処理する。**

7-3 約束手形による資金の貸し付け・借り入れ ／□ ／□ ／□

次の取引について、仕訳を示しなさい。

(1) 当社はA社に対して現金2,330,000円を貸し付け、同社振出の約束手形を受け取った。

(2) 当社はB社から現金490,000円を借り入れ、約束手形を振り出した。

■ 解答欄

番号	借方科目	金額	貸方科目	金額

解答・解説 約束手形による資金の貸し付け・借り入れ

番号	借方科目	金額	貸方科目	金額
(1)	手形貸付金	2,330,000	現金	2,330,000
(2)	現金	490,000	手形借入金	490,000

1．本問の勘定科目

財務諸表	勘定科目	5要素	意味
貸借対照表	現金	資産	通貨および通貨代用証券
	手形貸付金	資産	資金の貸し付けを行い、約束手形を受け取った場合の当該金額を回収する権利
	手形借入金	負債	約束手形を振り出して資金を借り入れたことによって生じた、返済義務

2．各取引の解説

(1) 資金の貸し付けを行い、約束手形を受け取ったため、「手形貸付金」勘定で処理する。

(2) 資金の借り入れを行い、約束手形を振り出したため、「手形借入金」勘定で処理する。

※「貸付金」勘定や「借入金」勘定で処理することも認められるが、特に指示がなければ、「手形貸付金」勘定・「手形借入金」勘定で解答する方が無難である。

POINT

・約束手形による貸付金・借入金は、「手形貸付金」勘定・「手形借入金」勘定で処理する。なお、「貸付金」勘定・「借入金」勘定で処理することも認められる。

第 8 章

給料に関連した取引

問題	ページ	出題論点
8-1	86	一時的な立て替えと預かり
8-2	88	所得税、社会保険料の源泉徴収

8-1 一時的な立て替えと預かり　／□　／□　／□

次の取引について、仕訳を示しなさい。

(1) 当社は従業員が負担すべき生命保険料22,800円について、現金で支払った。

(2) 従業員に給料323,800円を支給するに際して、上記の立替額22,800円を控除した残額301,000円を普通預金から支払った。

(3) 当社は、A社から一時的に120,900円を預かり、当社の普通預金に入金した。

(4) 上記120,900円について、普通預金からA社に支払った。

■ 解答欄

番号	借方科目	金額	貸方科目	金額

解答・解説 一時的な立て替えと預かり

番号	借方科目	金額	貸方科目	金額
(1)	従業員立替金	22,800	現　金	22,800
(2)	給　料	323,800	従業員立替金	22,800
			普通預金	301,000
(3)	普通預金	120,900	預り金	120,900
(4)	預り金	120,900	普通預金	120,900

※従業員立替金は立替金でもよい。

1．本問の勘定科目

財務諸表	勘定科目	5要素	意味
貸借対照表	現　　金	資産	通貨および通貨代用証券
	普通預金	資産	普通預金口座にあるお金
	従業員立替金	資産	当社の従業員に対して、一時的に金銭を立て替え払いした場合の、その金額を回収する権利
	預 り 金	負債	一時的に金銭を預かった場合の、金銭を返す義務
損益計算書	給　　料	費用	給料を支払ったことによる費用

2．各取引の解説

(1)　従業員が負担すべき金額を立替払いした場合、立替額を回収する権利として「従業員立替金」勘定の増加とする。

(3)　金銭を一時的に預かった場合、預かった金額を返す義務として「預り金」勘定の増加とする。

POINT

- 一時的に金銭を立て替え払いした場合は「立替金」勘定の増加とする。
- 一時的に金銭を預かった場合は「預り金」勘定の増加とする。

8-2 所得税、社会保険料の源泉徴収　／□　／□　／□

次の取引について、仕訳を示しなさい。なお、指定した勘定科目を使用すること。

(1) 当社は従業員に給料総額350,000円を支給するに際して、所得税12,000円、社会保険料40,000円の源泉徴収分を控除した残額298,000円を普通預金から支払った。

(2) 上記の源泉徴収額と社会保険料の当社負担分40,000円を合わせた、92,000円を普通預金から支払った。

指定勘定科目

〔普通預金　所得税預り金　社会保険料預り金　給料　法定福利費〕

■ 解答欄

番号	借方科目	金額	貸方科目	金額

解答・解説 所得税、社会保険料の源泉徴収

番号	借方科目	金額	貸方科目	金額
(1)	給料	350,000	所得税預り金	12,000
			社会保険料預り金	40,000
			普通預金	298,000
(2)	所得税預り金	12,000	普通預金	92,000
	社会保険料預り金	40,000		
	法定福利費	40,000		

1．本問の勘定科目

財務諸表	勘定科目	5要素	意味
貸借対照表	普　通　預　金	資産	普通預金口座にあるお金
	所 得 税 預 り 金	負債	源泉徴収した所得税を納付する義務
	社会保険料預り金	負債	源泉徴収した社会保険料を納付する義務
損益計算書	給　　　料	費用	給料を支払ったことによる費用
	法 定 福 利 費	費用	企業が負担した社会保険料に関する費用

2．各取引の解説

(1)「給料」勘定の発生額は、給料総額の350,000円とし、源泉徴収分は納付義務として「所得税預り金」勘定および「社会保険料預り金」勘定の増加とする。

(2) 源泉徴収分を納付したら、「所得税預り金」勘定および「社会保険料預り金」勘定の減少とする。また、当社負担の社会保険料は「法定福利費」勘定の発生とする。

POINT

・源泉徴収額は「所得税預り金」勘定、「社会保険料預り金」勘定の増加とする。
・会社が負担する社会保険料は「法定福利費」勘定の発生とする。

第9章

その他の取引

9-1 固定資産税や印紙税を支払った場合 ／□ ／□ ／□

次の取引について、仕訳を示しなさい。

(1) 当社は固定資産税39,000円と、自動車税10,000円の合計額49,000円について小切手を振り出して支払った。

(2) 当社は現金を支払って、収入印紙を50,000円分購入した。

■解答欄

番号	借方科目	金額	貸方科目	金額

解答・解説 固定資産税や印紙税を支払った場合

番号	借方科目	金額	貸方科目	金額
(1)	租税公課	49,000	当座預金	49,000
(2)	租税公課	50,000	現金	50,000

1．本問の勘定科目

財務諸表	勘定科目	5要素	意味
貸借対照表	現金	資産	通貨および通貨代用証券
	当座預金	資産	当座預金口座にあるお金
損益計算書	租税公課	費用	固定資産税や印紙税などの税金を支払った場合の費用

2．各取引の解説

(1) 固定資産税および自動車税は、どちらも費用とする税金であるため「租税公課」勘定で処理する。

(2) 収入印紙の購入は、印紙税の支払いであるため「租税公課」勘定で処理する。

POINT

・固定資産税、自動車税、印紙税を支払った場合、「租税公課」勘定の発生とする。

9-2 金額や内容が未確定の支出、内容不明の入金 ／□ ／□ ／□

次の取引について、仕訳を示しなさい。

(1) 従業員の出張に際し、概算の旅費交通費50,000円を現金で渡した。

(2) 出張先の従業員から、当座預金口座に290,000円の入金があったが内容は不明である。

(3) 従業員が出張から帰社し、上記の入金は、売掛金の回収額であることが判明した。

(4) 出張費用を精算したところ、総額は59,000円であったため、差額9,000円は現金で支払った。

■解答欄

番号	借方科目	金額	貸方科目	金額

解答・解説 金額や内容が未確定の支出、内容不明の入金

番号	借方科目	金額	貸方科目	金額
(1)	仮払金	50,000	現金	50,000
(2)	当座預金	290,000	仮受金	290,000
(3)	仮受金	290,000	売掛金	290,000
(4)	旅費交通費	59,000	仮払金	50,000
			現金	9,000

1．本問の勘定科目

財務諸表	勘定科目	5要素	意味
貸借対照表	現　　金	資産	通貨および通貨代用証券
	当座預金	資産	当座預金口座にあるお金
	売 掛 金	資産	商品を掛け売上したことによって生じた、代金を回収する権利
	仮 払 金	資産	支払いを行ったが、その内容や金額が未確定な場合の支出額
	仮 受 金	負債	預金口座へ入金があったが、その内容が不明な場合の入金額
損益計算書	旅費交通費	費用	出張費や日々の交通費を支払った場合の費用

2．仮払金

(1)　概算払いをしているため、金額が未確定の支出に該当する。よって、いったん「仮払金」勘定の増加とする。

(4)　金額が確定した時点で「仮払金」勘定を減少させる。

3．仮受金

(2)　内容不明の入金であるため、いったん「仮受金」勘定の増加とする。

(3)　内容が判明した時点で「仮受金」勘定を減少させ、正しい勘定科目に振り替える。

POINT

- **金額や内容が未確定の支出をした場合は、「仮払金」勘定の増加とする。**
- **内容不明の入金があった場合は、「仮受金」勘定の増加とする。**
- **金額や内容が確定したら、「仮払金」勘定または「仮受金」勘定から確定した勘定科目に振り替える。**

9-3 訂正仕訳

/ □ / □ / □

訂正仕訳を示しなさい。

(1) 得意先から売掛金20,000円を小切手で回収した際に、誤って当座預金勘定の借方に記帳していた。

(2) 商品2,800円を掛けで仕入れた際に、誤って借方と貸方を反対に仕訳していた。

■解答欄

番号	借方科目	金額	貸方科目	金額

解答・解説 訂正仕訳

番号	借方科目	金額	貸方科目	金額
(1)	現　　　金	20,000	当　座　預　金	20,000
(2)	仕　　　入	5,600	買　掛　金	5,600

1．本問の勘定科目

財務諸表	勘定科目	5要素	意味
貸借対照表	現　金	資産	通貨および通貨代用証券
	当座預金	資産	当座預金口座にあるお金
	買 掛 金	負債	商品を掛け仕入したことによって生じた、代金の支払義務
損益計算書	仕　入	費用	商品の仕入によって生じた費用

2．勘定科目を誤った場合（(1)の訂正）

(1)では誤って、（借）当座預金 20,000 （貸）売 掛 金 20,000 と仕訳している。

よって、訂正仕訳は次の①と②を合算した仕訳になる。

① 誤った仕訳の逆仕訳　　：（借）売 掛 金 20,000 （貸）当座預金 20,000

② 本来行うべきだ正しい仕訳：（借）現　　金 20,000 （貸）売 掛 金 20,000

3．貸借を逆にした場合（⑵の訂正）

⑵では誤って、（借）買 掛 金 2,800 （貸）仕　入 2,800 と仕訳している。よって、訂正仕訳は次の①と②を合算した仕訳になる。

① 誤った仕訳の逆仕訳　　　：（借）仕　入 2,800 （貸）買 掛 金 2,800

② 本来行うべきだ正しい仕訳：（借）仕　入 2,800 （貸）買 掛 金 2,800

POINT

・訂正仕訳＝誤った仕訳の逆仕訳＋正しい仕訳

第10章
帳簿と伝票

問題	ページ	出題論点
10-1	98	現金出納帳
10-2	100	当座預金出納帳
10-3	102	小口現金出納帳
10-4	104	受取手形記入帳、支払手形記入帳
10-5	106	売上帳
10-6	107	仕入帳
10-7	109	売掛金元帳（得意先元帳）
10-8	111	買掛金元帳（仕入先元帳）
10-9	113	商品有高帳
10-10	117	伝票①（基本的な起票方法）
10-11	119	伝票②（一部現金取引の起票方法）
10-12	121	伝票③（総勘定元帳への転記）
10-13	124	伝票④（買掛金元帳への転記）

10-1 現金出納帳

/ □ / □ / □

次のX1年９月中の取引に基づき、解答欄に示した現金出納帳の空欄を埋めなさい。

9/19 当社はＡ社に対して現金500円で商品を売り上げた。

9/25 当社は水道光熱費300円を現金で支払った。

■ 解答欄

現金出納帳

X1年		摘　　要	収　入	支　出	残　高
9	1	前月繰越	1,000		1,000

解答・解説 現金出納帳

現金出納帳

X1年		摘　　要	収　入	支　出	残　高
9	1	前月繰越	1,000		1,000
	19	Ａ社に商品の売上	500		1,500
	25	水道光熱費の支払い		300	1,200
	30	次月繰越		1,200	
			1,500	1,500	

※摘要欄の記入は、意味が同じなら解答の通りでなくてもよい。

1．現金出納帳は、「現金」勘定（資産）の増減明細を記録するための補助簿である。そのため、「現金」勘定の増減に注目すればよい。

9/19	(借) 現　　　金	500		(貸) 売　　　上	500
9/25	(借) 水道光熱費	300		(貸) 現　　　金	300

2．その他注意点

・残高欄には、その時点における残高を記入する。

・月末残高は次月繰越として支出欄に記入し、貸借合計の一致を確かめる。

・現金出納帳は、「現金」勘定の増減明細を記録するための補助簿。

10-2 当座預金出納帳 ／□ ／□ ／□

次のX1年２月の第１週目の取引に基づき、解答欄に示した当座預金出納帳の空欄を埋めなさい。

2/2　A社から売掛金500円が当社の当座預金口座に振り込まれた。

2/5　B社へ買掛金600円を支払うために、小切手（小切手番号315）を振り出して支払った。

■ 解答欄

当座預金出納帳

X1年		摘　要	小切手番号	預　入	引　出	借/貸	残　高
2	1	前月繰越		3,000		借	3,000

解答・解説 当座預金出納帳

当座預金出納帳

X1年		摘　要	小切手番号	預　入	引　出	借/貸	残　高
2	1	前月繰越		3,000		借	3,000
	2	A社より売掛金の回収		500		〃	3,500
	5	B社へ買掛金の支払	315		600	〃	2,900

※摘要欄の記入は、意味が同じなら解答の通りでなくてもよい。

1．当座預金出納帳は、「当座預金」勘定（資産）の増減明細を記録するための補助簿である。そのため、「当座預金」勘定の増減に注目すればよい。

2/2	(借) 当 座 預 金	500	(貸) 売　掛　金	500
2/5	(借) 買　掛　金	600	(貸) 当 座 預 金	600

2．その他注意点

・小切手番号欄には、振り出した小切手の番号を記入する。

・残高欄には、その時点における残高を記入し、借/貸欄には借方残高か貸方残高かを記入する。

POINT

・当座預金出納帳は、「当座預金」勘定の増減明細を記録するための補助簿。

10-3 小口現金出納帳

/ □ / □ / □

当社はX1年３月１日（月）より定額資金前渡制による小口現金制度を採用した。毎週月曜日に10,000円を小口現金係に前渡しし、金曜日にその週の支払報告を受けることとなっている。そこで、解答欄に示した小口現金出納帳の空欄を埋めなさい。

■解答欄

小口現金出納帳

受　入	X1年		摘　　要	支　払	内　訳		
					通信費	交通費	消耗品費
10,000	3	1	本日補給				
		2	電話料金	3,000			
		3	タクシー代	1,700			
		〃	文房具代	2,500			
		5	電車賃	900			
			合　計	8,100			
		〃	次週繰越				
	3	8	前週繰越				
		〃	本日補給				

解答・解説 小口現金出納帳

小口現金出納帳

受　入	X1年		摘　　要	支　払	内　訳		
					通信費	交通費	消耗品費
10,000	3	1	本日補給				
		2	電話料金	3,000	3,000		
		3	タクシー代	1,700		1,700	
		3	文房具代	2,500			2,500
		5	電車賃	900		900	
			合　計	8,100	3,000	2,600	2,500
		〃	次週繰越	1,900			
10,000				10,000			
1,900	3	8	前週繰越				
8,100		〃	本日補給				

1．支払額（支払欄の金額）をその内容に応じて、内訳欄の各勘定科目に記入する。
　電話料金・・・・通信費
　タクシー代・・・交通費
　文房具代・・・・消耗品費
　電車賃・・・・・交通費

2．次週繰越の金額は、受入欄と支払欄の合計額の差額として算定する。また、当該金額が前週繰越の金額となる。
　受入欄10,000円－支払合計8,100＝1,900

3．定額資金前渡制の場合、支払額を補給するため、3/8の補給額は8,100円となる。

4．仕訳（参考）

日付		借方科目	金額		貸方科目	金額
3/1	（借）	小口現金	10,000	（貸）	当座預金など	10,000
3/5	（借）	通信費	3,000	（貸）	小口現金	8,100
		交通費	2,600			
		消耗品費	2,500			
3/8	（借）	小口現金	8,100	（貸）	当座預金など	8,100

POINT

・小口現金出納帳は、「小口現金」勘定の増減明細を記録するための補助簿。

10-4 受取手形記入帳、支払手形記入帳 　/ □　/ □　/ □

下記に示した当社（A社）の約束手形に関する補助簿に基づき、(1)当該帳簿の名称、(2)この帳簿から判明する仕訳を示しなさい。

（　　①　　）

X1年		手形種類	手形番号	摘要	支払人	振出人または裏書人	振出日		満期日		支払場所	手形金額	てん末		
6	4	約手	7	売上	B社	B社	6	4	7	4	Y銀行	8,000	7	4	当座入金

（　　②　　）

X1年		手形種類	手形番号	摘要	受取人	振出人	振出日		満期日		支払場所	手形金額	てん末		
7	10	約手	20	買掛金	C社	当社	7	10	9	10	Z銀行	7,000	9	10	当座決済

■ 解答欄

(1)　①　＿＿＿＿＿＿　②　＿＿＿＿＿＿

(2)

日付	借方科目	金額	貸方科目	金額

解答・解説 受取手形記入帳、支払手形記入帳

(1)　①　受取手形記入帳　②　支払手形記入帳

(2)

日付	借方科目	金額	貸方科目	金額
6/ 4	受　取　手　形	8,000	売　　　　上	8,000
7/ 4	当　座　預　金	8,000	受　取　手　形	8,000
7/10	買　　掛　　金	7,000	支　払　手　形	7,000
9/10	支　払　手　形	7,000	当　座　預　金	7,000

1．帳簿の名称

① 摘要欄に売上とあり、また、支払人欄があるため、受取手形記入帳と判明する。

② 摘要欄に買掛金とあり、また、受取人欄があるため（かつ当社が振出人）、支払手形記入帳と判明する。

2．仕訳の判断

摘要欄には、手形が生じた際の相手勘定が記入されている。また、てん末欄には手形が減少した際の取引が記入されている。これらにより、解答の仕訳が判明する。

POINT

- **受取手形記入帳は、「受取手形」勘定の増減明細を記録するための補助簿。**
- **支払手形記入帳は、「支払手形」勘定の増減明細を記録するための補助簿。**

10-5 売上帳

/ □ / □ / □

下記に示した当社の売上帳から判明する仕訳を示しなさい。

売上帳

X1年		摘要			内訳	金額
8	7	A社		掛け		
		商品甲	5個	@1,000円	5,000	
		商品乙	3個	@2,000円	6,000	11,000
	11	A社		掛け返品		
		商品甲	2個	@1,000円		△2,000
	31			総売上高		11,000
	〃			売上戻り高		△2,000
	〃			純売上高		9,000

■ 解答欄

日付	借方科目	金額	貸方科目	金額

解答・解説 売上帳

日付	借方科目	金額	貸方科目	金額
8/ 7	売掛金	11,000	売上	11,000
8/11	売上	2,000	売掛金	2,000

1．売上帳は、「売上」勘定の増減明細を記録するための補助簿である。

2．8/11は返品取引である点に注意すること。

POINT

・売上帳は、「売上」勘定の増減明細を記録するための補助簿。

10-6 仕入帳 ／□ ／□ ／□

解答欄に示した仕入帳の空欄を埋めなさい。なお、マイナスの記号は「△」を用いること。

■ 解答欄

仕入帳

X1年		摘　要		内　訳	金　額
4	10	A社	掛け		
		Z商品　60個　@800円			
		引取費用現金払い450円			
	15	B社	掛け		
		Y商品　10個　@700円			
	20	B社	掛け返品		
		Y商品　2個　@700円			
	30		総仕入高		
	〃		仕入戻し高		
	〃		純仕入高		

解答・解説 仕入帳

仕入帳

X1年		摘　要		内　訳	金　額
4	10	A社	掛け		
		Z商品　60個　@800円		48,000	
		引取費用現金払い450円		450	48,450
	15	B社	掛け		
		Y商品　10個　@700円			7,000
	20	B社	掛け返品		
		Y商品　2個　@700円			△1,400
	30		総仕入高		55,450
	〃		仕入戻し高		△1,400
	〃		純仕入高		54,050

1．仕入帳は、「仕入」勘定の増減明細を記録するための補助簿である。

2．月末になったら、総仕入高から仕入れ戻し高を控除し、純仕入高を算定する。

3．仕訳（参考）

4/10	（借）	仕　　　入	48,450	（貸）	買　掛　金	48,000
					現　　　金	450
4/15	（借）	仕　　　入	7,000	（貸）	買　掛　金	7,000
4/30	（借）	買　掛　金	1,400	（貸）	仕　　　入	1,400

POINT

・仕入帳は、「仕入」勘定の増減明細を記録するための補助簿。

10-7 売掛金元帳（得意先元帳） ／□ ／□ ／□

次の７月中の取引に基づき、得意先元帳（売掛金元帳）の空欄を埋めなさい。なお、当社の得意先はA社とB社の２社である。

7/ 2　A社へ掛け売上5,000円
7/15　B社へ掛け売上4,300円
7/18　A社売掛金の現金回収3,800円
7/23　B社売掛金の現金回収2,200円

■ 解答欄

得 意 先 元 帳

A 社

7/1	前月繰越	3,600			

B 社

7/1	前月繰越	2,000			

解答・解説 売掛金元帳（得意先元帳）

得 意 先 元 帳

A 社

7/1	前月繰越	3,600	7/18	現　金	3,800
7/2	売　上	5,000	7/31	次月繰越	4,800
		8,600			8,600

B 社

7/1	前月繰越	2,000	7/23	現　金	2,200
7/15	売　上	4,300	7/31	次月繰越	4,100
		6,300			6,300

1．売掛金元帳（得意先元帳）は、「売掛金」勘定の増減を、相手先別に記録するための補助簿である。

2．仕訳と勘定の関係

7/2	(借)	売掛金（A社）	① 5,000	(貸)	売　　　上	5,000
7/15	(借)	売掛金（B社）	② 4,300	(貸)	売　　　上	4,300
7/18	(借)	現　　　金	3,800	(貸)	売掛金（A社）	③ 3,800
7/23	(借)	現　　　金	2,200	(貸)	売掛金（B社）	④ 2,200

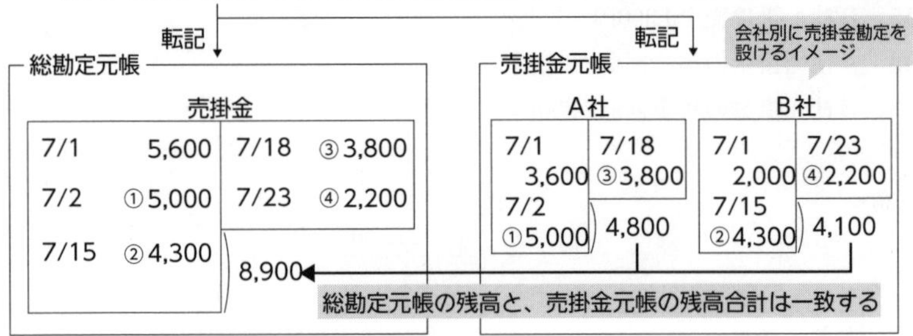

POINT

- 売掛金元帳（得意先元帳）は、「売掛金」勘定の増減を相手先別に記録するための補助簿。
- 「売掛金」勘定の残高と、売掛金元帳の残高合計は必ず一致する。

10-8 買掛金元帳（仕入先元帳） ／□ ／□ ／□

次の９月中の取引に基づき、仕入先元帳（買掛金元帳）の空欄を埋めなさい。なお、当社の仕入先はＣ社とＤ社の２社である。

9/10　Ｃ社から掛け仕入3,000円
9/18　Ｄ社から掛け仕入3,300円
9/19　Ｃ社買掛金の現金支払2,800円
9/26　Ｄ社買掛金の現金支払4,500円

■ 解答欄

仕入先元帳

Ｃ社

			9/1	前月繰越	1,000

Ｄ社

			9/1	前月繰越	2,300

解答・解説 買掛金元帳（仕入先元帳）

仕入先元帳

Ｃ社

9/19	現金	2,800	9/1	前月繰越	1,000
9/30	次月繰越	1,200	9/10	仕入	3,000
		4,000			4,000

Ｄ社

9/26	現金	4,500	9/1	前月繰越	2,300
9/30	次月繰越	1,100	9/18	仕入	3,300
		5,600			5,600

1．買掛金元帳（仕入先元帳）は、「買掛金」勘定の増減を、相手先別に記録するための補助簿である。

2．仕訳と勘定の関係

日付	借方科目	金額	貸方科目	金額
9/10	（借）仕　　入	3,000	（貸）買掛金（C社）	① 3,000
9/18	（借）仕　　入	3,300	（貸）買掛金（D社）	② 3,300
9/19	（借）買掛金（C社）	③ 2,800	（貸）現　　金	2,800
9/26	（借）買掛金（D社）	④ 4,500	（貸）現　　金	4,500

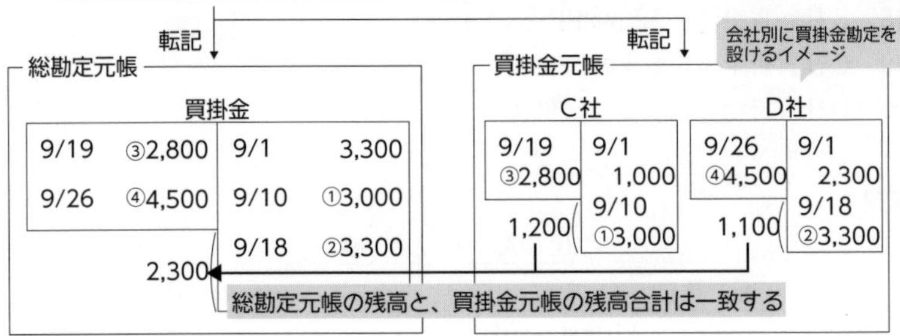

POINT

- 買掛金元帳（仕入先元帳）は、「買掛金」勘定の増減を、相手先別に記録するための補助簿。
- 「買掛金」勘定の残高と、買掛金元帳の残高合計は必ず一致する。

10-9 商品有高帳

/ □ / □ / □

次に示した資料に基づき、下記の各問に答えなさい。

問1 先入先出法による商品有高帳を作成し、売上高、売上原価、売上総利益を算定しなさい。

問2 移動平均法による商品有高帳を作成し、売上高、売上原価、売上総利益を算定しなさい。

〈当月の取引〉

4/1	前月繰越	20個	@100円
4/8	仕　入	180個	@110円
4/15	売　上	160個	@200円（売価）
4/22	仕　入	280個	@101円
4/26	売　上	300個	@210円（売価）

■解答欄

問1 先入先出法

日付	摘要	受入欄			払出欄			残高欄		
		数量	単価	金額	数量	単価	金額	数量	単価	金額

売上高＿＿＿＿円　売上原価＿＿＿＿円　売上総利益＿＿＿＿円

問2 移動平均法

日付	摘要	受入欄			払出欄			残高欄		
		数量	単価	金額	数量	単価	金額	数量	単価	金額

売上高＿＿＿＿＿円　売上原価＿＿＿＿＿円　売上総利益＿＿＿＿＿円

解答・解説 商品有高帳

問1 先入先出法

日付	摘要	受入欄			払出欄			残高欄		
		数量	単価	金額	数量	単価	金額	数量	単価	金額
4/1	前月繰越	20	100	2,000				20	100	2,000
4/8	仕　入	180	110	19,800				{ 20	100	2,000
								180	110	19,800
4/15	売　上				{ 20	100	2,000			
					140	110	15,400	40	110	4,400
4/22	仕　入	280	101	28,280				{ 40	110	4,400
								280	101	28,280
4/26	売　上				{ 40	110	4,400			
					260	101	26,260	20	101	2,020
4/30	次月繰越				20	101	2,020			
		480		50,080	480		50,080			

売上高 95,000 円　売上原価 48,060 円　売上総利益 46,940 円

問2 移動平均法

日付	摘要	受入欄			払出欄			残高欄		
		数量	単価	金額	数量	単価	金額	数量	単価	金額
4/1	前月繰越	20	100	2,000				20	100	2,000
4/8	仕　入	180	110	19,800				200	109	21,800
4/15	売　上				160	109	17,440	40	109	4,360
4/22	仕　入	280	101	28,280				320	102	32,640
4/26	売　上				300	102	30,600	20	102	2,040
4/30	次月繰越				20	102	2,040			
		480		50,080	480		50,080			

売上高 95,000 円　売上原価 48,040 円　売上総利益 46,960 円

1．商品有高帳は、商品の増減を記録することで、手もとにある商品の原価を把握できるようにするための補助簿である。なお、商品有高帳には売価は記入しない点に留意すること。

2．先入先出法では、先に仕入れた商品から先に払い出しが行われたものとみなすため、残高欄は仕入日ごとにわけて記入する。対して、移動平均法では、商品を仕入れる都度、残高を合計しその時点の平均単価を算定する。

3．各金額の計算

⑴先入先出法

売上高：160個×@200＋300個×@210＝95,000

売上原価：月初在庫2,000＋当月仕入48,080（＝19,800＋28,280）－月末在庫2,020
＝48,060

売上総利益：売上高95,000－売上原価48,060＝46,940

⑵移動平均法

売上高：160個×@200＋300個×@210＝95,000

売上原価：月初在庫2,000＋当月仕入48,080（＝19,800＋28,280）－月末在庫2,040
＝48,040

売上総利益：売上高95,000－売上原価48,040＝46,960

POINT

- 商品有高帳は、商品の増減を記録することで、手もとにある商品の原価を把握できるようにするための補助簿。
- 払出単価の決定方法

  先入先出法：先に仕入れた商品から先に払い出しが行われたと仮定する方法

  移動平均法：商品を仕入れる都度その時点の平均単価を算定し、その単価を次の払出単価とする方法
- 売上総利益の算定

  売上原価＝仕入高＋期首在庫－期末在庫

  売上総利益＝売上高－売上原価

10-10 伝票①（基本的な起票方法） ／□ ／□ ／□

次の取引について、解答欄に示した伝票の空欄を埋めなさい。

(1) 売掛金12,000円を現金で回収した。
(2) 商品を10,000円で仕入れ、代金は現金で支払った。
(3) 商品20,500円を掛け仕入れした。

■ 解答欄

(1)

（　　　）伝票	
科目	金額

(2)

（　　　）伝票	
科目	金額

(3)

（　　　）伝票			
借方科目	金額	貸方科目	金額

解答・解説 伝票①（基本的な起票方法）

(1)

入金伝票	
科目	金額
売掛金	12,000

(2)

出金伝票	
科目	金額
仕入	10,000

(3)

振替伝票			
借方科目	金額	貸方科目	金額
仕入	20,500	買掛金	20,500

1．入金取引（(1)の取引）

仕訳は、（借）現　金 12,000（貸）売 掛 金 12,000 となる。「現金」勘定が増加する取引であるため、入金伝票に記録する。

2．出金取引（(2)の取引）

仕訳は、（借）仕　入 10,000（貸）現　金 10,000 となる。「現金」勘定が減少する取引であるため、出金伝票に記録する。

3．入金取引、出金取引以外の取引（(3)の取引）

仕訳は、（借）仕　　入 20,500 （貸）買 掛 金 20,500 となる。「現金」勘定が増減しない取引であるため、振替伝票に記録する。

POINT

・３伝票制
入金取引・・・・・入金伝票
出金取引・・・・・出金伝票
その他の取引・・・振替伝票
・伝票の問題であっても、仕訳から考えて解く。

10-11 伝票②(一部現金取引の起票方法) ／□ ／□ ／□

次の取引について、①取引を分割する方法、②取引を擬制する方法によった場合の伝票を作成しなさい。

(1) 商品を12,000円で販売し、代金のうち9,000円は現金で受け取り、残額は掛けとした。

■ 解答欄

①取引を分割する方法

入金伝票	
科　目	金　額

振替伝票			
借方科目	金　額	貸方科目	金　額

②取引を擬制する方法

入金伝票	
科　目	金　額

振替伝票			
借方科目	金　額	貸方科目	金　額

解答・解説 伝票②（一部現金取引の起票方法）

①取引を分割する方法

入金伝票	
科　目	金　額
売　上	9,000

振替伝票			
借方科目	金　額	貸方科目	金　額
売掛金	3,000	売　上	3,000

②取引を擬制する方法

入金伝票	
科　目	金　額
売掛金	9,000

振替伝票			
借方科目	金　額	貸方科目	金　額
売掛金	12,000	売　上	12,000

1．一部現金取引は、①取引を分割する方法と、②取引を擬制する方法の２つの起票方法がある。

2．仕訳

① 取引を分割する方法

現金が増減する部分と、その他の部分に分割して起票する。

(借)	現金	9,000	(貸)	売上	9,000	→ 入金伝票
(借)	売掛金	3,000	(貸)	売上	3,000	→ 振替伝票

② 取引を擬制する方法

まず「現金」勘定が増減しない取引を行い、その直後に代金の一部を決済したと擬制して起票する。

(借)	売掛金	12,000	(貸)	売上	12,000	→ 振替伝票
(借)	現金	9,000	(貸)	売掛金	9,000	→ 入金伝票

POINT

- **一部現金取引は、取引を分割する方法と、取引を擬制する方法の２つの起票方法がある。**

10-12 伝票③（総勘定元帳への転記）　/ □　/ □　/ □

次に示したX2年５月１日の伝票に基づき、仕訳日計表を作成し、総勘定元帳へ転記しなさい。なお、問題の便宜上、総勘定元帳への転記は現金勘定のみとする。

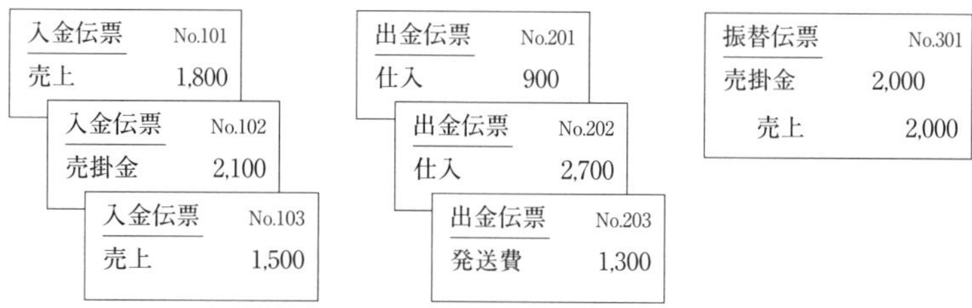

入金伝票	No.101
売上	1,800

入金伝票	No.102
売掛金	2,100

入金伝票	No.103
売上	1,500

出金伝票	No.201
仕入	900

出金伝票	No.202
仕入	2,700

出金伝票	No.203
発送費	1,300

振替伝票		No.301
売掛金	2,000	
売上		2,000

■ 解答欄

〈仕訳日計表〉

X2年５月１日　　11ページ

借方合計	元丁	勘定科目	元丁	貸方合計
		現　　金		
		売 掛 金		
		売　　上		
		仕　　入		
		発 送 費		

〈総勘定元帳〉

現　　金　　1ページ

X1年		摘　要	仕丁	借　方	貸　方	借/貸	残　高
5	1	前月繰越	✓	4,000		借	4,000

解答・解説 伝票③（総勘定元帳への転記）

〈仕訳日計表〉

X2年5月1日　　11ページ

借方合計	元丁	勘定科目	元丁	貸方合計
5,400	1	現　金	1	4,900
2,000		売掛金		2,100
		売　上		5,300
3,600		仕　入		
1,300		発送費		
12,300				12,300

〈総勘定元帳〉

現　金　　1ページ

X1年		摘　要	仕丁	借　方	貸　方	借/貸	残　高
5	1	前月繰越	✓	4,000		借	4,000
	〃	仕訳日計表	11	5,400		〃	9,400
	〃	仕訳日計表	11		4,900	〃	4,500

1．仕訳

① 入金伝票

101	（借）現　金	1,800	（貸）売　上	1,800
102	（借）現　金	2,100	（貸）売掛金	2,100
103	（借）現　金	1,500	（貸）売　上	1,500

② 出金伝票

201	（借）仕　入	900	（貸）現　金	900
202	（借）仕　入	2,700	（貸）現　金	2,700
203	（借）発送費	1,300	（貸）現　金	1,300

③ 振替伝票

301	（借）売掛金	2,000	（貸）売　上	2,000

2．仕訳日計表の各金額

現金・借方：1,800（入金伝票101）＋2,100（入金伝票102）＋1,500（入金伝票103）
＝5,400

現金・貸方：900（出金伝票201）＋2,700（出金伝票202）＋1,300（出金伝票203）
＝4,900

売掛金・借方：2,000（振替伝票301）

売掛金・貸方：2,100（入金伝票102）

売上・貸方：1,800（入金伝票101）＋1,500（入金伝票103）＋2,000（振替伝票）＝5,300

仕入・借方：900（出金伝票201）＋2,700（振替伝票202）＝3,600

発送費・借方：1,300（出金伝票203）

POINT

- **伝票の内容は仕訳日計表に集計し、仕訳日計表から総勘定元帳へ合計転記する。**
- **仕訳日計表は、１日の伝票を集計する表であり、合計試算表と同じように各勘定科目の借方合計と貸方合計を集計する表のことをいう。**

10-13　伝票④（買掛金元帳への転記）　/ □　/ □　/ □

当社はA社およびB社から商品を仕入れている。そこで、次に示したX1年５月１日の伝票に基づき、仕訳日計表を作成し総勘定元帳へ転記しなさい。また、買掛金元帳の記入も示しなさい。なお、問題の便宜上、総勘定元帳への転記は買掛金勘定のみとする。

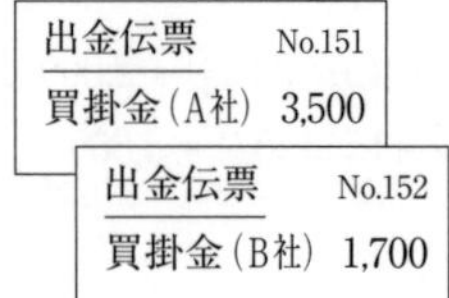

出金伝票　No.151
買掛金（A社）　3,500

出金伝票　No.152
買掛金（B社）　1,700

振替伝票　No.331
仕入　3,200
買掛金（A社）　3,200

■ 解答欄

〈仕訳日計表〉

X1年５月１日　10ページ

借方合計	元丁	勘定科目	元丁	貸方合計
		現　　金		
		買　掛　金		
		仕　　入		

〈総勘定元帳〉

買　掛　金　7ページ

X1年		摘　要	仕丁	借　方	貸　方	借/貸	残　高
5	1	前　月　繰　越	✓		8,000	貸	8,000

〈買掛金元帳〉

A　社　1ページ

X1年		摘　要	仕丁	借　方	貸　方	借/貸	残　高
5	1	前　月　繰　越	✓		4,800	貸	4,800

B　社　　2ページ

X1年		摘　要	仕丁	借　方	貸　方	借/貸	残　高
5	1	前　月　繰　越	✓		3,200	貸	3,200

解答・解説　伝票④（買掛金元帳への転記）

〈仕訳日計表〉

X1年５月１日　　10ページ

借方合計	元丁	勘定科目	元丁	貸方合計
		現　　金		5,200
5,200	7	買　掛　金	7	3,200
3,200		仕　　入		
8,400				8,400

〈総勘定元帳〉

買　掛　金　　7ページ

X1年		摘　要	仕丁	借　方	貸　方	借/貸	残　高
5	1	前　月　繰　越	✓		8,000	貸	8,000
	〃	仕　訳　日　計　表	10	5,200		〃	2,800
	〃	仕　訳　日　計　表	10		3,200	〃	6,000

〈買掛金元帳〉

A　社　　1ページ

X1年		摘　要	仕丁	借　方	貸　方	借/貸	残　高
5	1	前　月　繰　越	✓		4,800	貸	4,800
	〃	出　金　伝　票	151	3,500		〃	1,300
	〃	振　替　伝　票	331		3,200	〃	4,500

B　社　　2ページ

X1年		摘　要	仕丁	借　方	貸　方	借/貸	残　高
5	1	前　月　繰　越	✓		3,200	貸	3,200
	〃	出　金　伝　票	152	1,700		〃	1,500

1．仕訳

① 出金伝票

151	(借)	買掛金（A社）	3,500	(貸)	現　　金	3,500
152	(借)	買掛金（B社）	1,700	(貸)	現　　金	1,700

② 振替伝票

331	(借)	仕　　入	3,200	(貸)	買掛金（A社）	3,200

2．仕訳日計表の各金額

現金・貸方：3,500(出金伝票151)＋1,700(出金伝票152)＝5,200

買掛金・借方：3,500(出金伝票151)＋1,700(出金伝票152)＝5,200

買掛金・貸方：3,200(振替伝票331)

仕入・借方：3,200(振替伝票331)

3．総勘定元帳と買掛金元帳の関係

買掛金元帳は、買掛金勘定の残高の内訳を示している。そのため、総勘定元帳の買掛金残高と、買掛金元帳の残高合計は一致する。よって、B社の前月繰越額は次のようにもとめることが出来る。

B社・前月繰越：総勘定元帳8,000－買掛金元帳（A社）4,800＝3,200

POINT

- **総勘定元帳へは仕訳日計表から合計転記を行う。**
- **売掛金元帳および買掛金元帳へは伝票から個別転記を行う。**

第11章

決算Ⅰ
（全体像・決算振替仕訳）

問題	ページ	出題論点
11-1	128	帳簿の締め切り

11-1 帳簿の締め切り

/ □ / □ / □

解答欄に示した当期の総勘定元帳に基づき、決算振替仕訳および勘定の締め切り（開始記入も含む）を行いなさい。なお、決算日は３月31日である。

■ 解答欄

〈決算振替仕訳（①収益の振り替え　②費用の振り替え　③当期純損益の振り替え）〉

番号	借方科目	金額	貸方科目	金額

〈総勘定元帳〉

現金

4/1	前期繰越	2,400			5,800
		3,000			2,600
		6,300			

買掛金

		900	4/1	前期繰越	1,200
		5,800			4,100
					3,000

資本金

			4/1	前期繰越	400

繰越利益剰余金

			4/1	前期繰越	800

売上

	3,000
	6,300

仕入

4,100	900
3,000	

給料

2,600	

（　　　　　　）

解答・解説　帳簿の締め切り

〈決算振替仕訳(①収益の振り替え　②費用の振り替え　③当期純損益の振り替え)〉

番号	借方科目	金額	貸方科目	金額
①	売　上	9,300	損　益	9,300
②	損　益	8,800	仕　入	6,200
			給　料	2,600
③	損　益	500	繰越利益剰余金	500

〈総勘定元帳〉

現金

4/1	前期繰越	2,400			5,800
		3,000			2,600
		6,300	3/31	次期繰越	3,300
		11,700			11,700
4/1	前期繰越	3,300			

買掛金

		900	4/1	前期繰越	1,200
		5,800			4,100
3/31	次期繰越	1,600			3,000
		8,300			8,300
			4/1	前期繰越	1,600

資本金

3/31	次期繰越	400	4/1	前期繰越	400
			4/1	前期繰越	400

繰越利益剰余金

3/31	次期繰越	1,300	4/1	前期繰越	800
			3/31	損　益	500
		1,300			1,300
			4/1	前期繰越	1,300

売上

3/31	損　益	9,300			3,000
					6,300
		9,300			9,300

仕入

		4,100			900
		3,000	3/31	損　益	6,200
		7,100			7,100

給料

		2,600	3/31	損　益	2,600

損益

3/31	仕　入	6,200	3/31	売　上	9,300
3/31	給　料	2,600			
3/31	繰越利益剰余金	500			
		9,300			9,300

1．本問の勘定科目

財務諸表	勘定科目	5要素	意味
貸借対照表	現　　金	資産	通貨および通貨代用証券
	買 掛 金	負債	商品を掛け仕入したことによって生じた、代金の支払義務
	資 本 金	資本	資本の増加額のうち、株主から出資を受けた金額（元手）
	繰越利益剰余金	資本	資本の増加額のうち、会社が稼いだ金額（利益）
損益計算書	売　　上	収益	商品の売上によって生じた収益
	仕　　入	費用	商品の仕入によって生じた費用
	給　　料	費用	給料を支払ったことによる費用

2．全体像

締め切り前

現金　残高 3,300
買掛金　残高 1,600
資本金　残高 400
繰越利益剰余金　残高 800
仕入　残高 6,200
給料　残高 2,600
売上　残高 9,300

収益・費用の締め切り（決算振替仕訳）

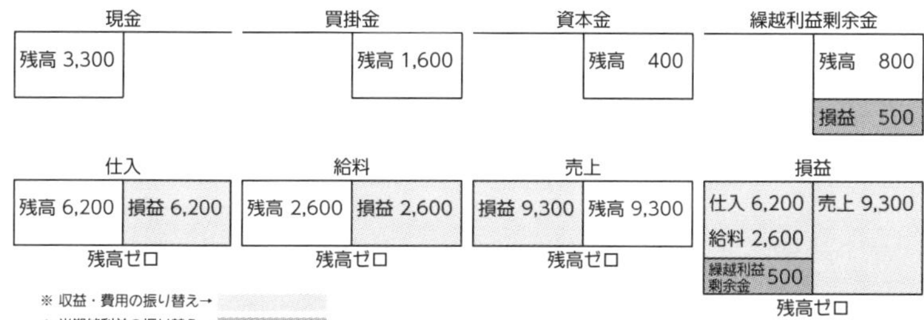

資産・負債・資本の締め切り

3．決算振替仕訳③の金額（当期純利益）は「損益」勘定の残高より算定する。
収益合計9,300（売上）－費用合計8,800（＝仕入6,200＋給料2,600）＝500

POINT

- 収益・費用の勘定残高は翌期に繰り越さないため、決算振替仕訳を行い残高をゼロにする。
- 資産・負債・資本翌期の勘定残高は翌期に繰り越す。

第12章

決算Ⅱ
（総論、減価償却、貸倒引当金、売上原価、経過勘定）

12-1 減価償却の決算①(当期首に取得) ／□ ／□ ／□

決算日（X2年３月31日）となったため、決算整理手続きを行う。そこで、次の資料に基づいて、(1)決算整理仕訳を示し、決算整理後残高試算表を作成しなさい。(2)また、当期の財務諸表を作成しなさい。

1. 決算整理前残高試算表

借方残高	勘定科目	貸方残高
400,000	車　　両	

2. 車両は当期首に取得したものであり、減価償却は定額法、耐用年数４年、残存価額ゼロ、間接法により行う。

■解答欄

(1)

日付	借方科目	金額	貸方科目	金額

決算整理後残高試算表

借方残高	勘定科目	貸方残高
	車　　両	
	減価償却累計額	
	減価償却費	

(2)

貸借対照表

X2年３月31日

車　　両	
減価償却累計額 △	

損益計算書

X1年4月1日～X2年3月31日

減価償却費	

解答・解説 減価償却の決算①（当期首に取得）

(1)

日付	借方科目	金額	貸方科目	金額
3/31	減価償却費	100,000	減価償却累計額	100,000

決算整理後残高試算表

借方残高	勘定科目	貸方残高
400,000	車　　　両	
	減価償却累計額	100,000
100,000	減 価 償 却 費	

(2)

貸借対照表

X2年3月31日

車　　　両	400,000		
減価償却累計額	△100,000	300,000	

損益計算書

X1年4月1日～X2年3月31日

減価償却費	100,000	

1．本問の勘定科目

財務諸表	勘定科目	5要素	意味
貸借対照表	車　　両	資　産	営業用自動車、運送用トラックなど
	減価償却累計額	資産控除	減価償却による固定資産の減少額を意味する評価勘定
損益計算書	減価償却費	費　用	固定資産の当期の価値減少額を表す費用

2．固定資産の決算整理

時の経過による当期の価値減少額を減価償却費として費用計上する。

3．決算整理仕訳の金額

減価償却費：取得原価400,000÷耐用年数4年＝100,000

4．財務諸表計上額

減価償却累計額：決算整理△100,000

車両の帳簿価額：取得原価400,000－減価償却累計額100,000＝300,000

減価償却費：決算整理100,000

POINT

- 土地以外の固定資産は決算において減価償却を行い、「減価償却費」勘定を計上する。
- 決算整理前残高試算表の固定資産の金額は取得原価であるため、これをもとに減価償却費を算定する。
- 資産の減少額は「減価償却累計額」勘定に集計したうえで、帳簿価額は取得原価との差額で算定する。

12-2 減価償却の決算②（前期以前に取得） ／□ ／□ ／□

決算日（X6年３月31日）となったため、決算整理手続きを行う。そこで、次の資料に基づいて、(1)決算整理仕訳を示し、決算整理後残高試算表を作成しなさい。(2)また、当期の財務諸表を作成しなさい。なお、期中取得した固定資産の減価償却費は月割計算により算定すること。

1. 決算整理前残高試算表

借方残高	勘定科目	貸方残高
640,000	建　　物	
210,000	備　　品	
	建物減価償却累計額	240,000

2．建物はX2年４月１日に取得したものであり、減価償却は定額法、耐用年数８年、残存価額ゼロ、間接法により行っている。

3．備品はX6年１月１日に取得したものであり、減価償却は定額法、耐用年数５年、残存価額ゼロ、間接法により行っている。

■解答欄

(1)

日付	借方科目	金額	貸方科目	金額

決算整理後残高試算表

借方残高	勘定科目	貸方残高
	建　　物	
	備　　品	
	建物減価償却累計額	
	備品減価償却累計額	
	減 価 償 却 費	

(2)

貸借対照表

X6年３月31日

建　　　物			
減価償却累計額	△		
備　　　品			
減価償却累計額	△		

損益計算書

X5年４月１日～X6年３月31日

減価償却費		

解答・解説　減価償却の決算②（前期以前に取得）

(1)

日付	借方科目	金額	貸方科目	金額
3/31	減価償却費	80,000	建物減価償却累計額	80,000
〃	減価償却費	10,500	備品減価償却累計額	10,500

※借方の減価償却費は90,500にまとめてもよい。

決算整理後残高試算表

借方残高	勘定科目	貸方残高
640,000	建　　　物	
210,000	備　　　品	
	建物減価償却累計額	320,000
	備品減価償却累計額	10,500
90,500	減価償却費	

(2)

貸借対照表

X6年３月31日

建　　　物	640,000		
減価償却累計額	△320,000	320,000	
備　　　品	210,000		
減価償却累計額	△10,500	199,500	

損益計算書

X5年４月１日～X6年３月31日

減価償却費	90,500	

1．本問の勘定科目

財務諸表	勘定科目	5要素	意味
貸借対照表	建　　物	資　産	店舗、本社ビル、倉庫など
	建物減価償却累計額	資産控除	減価償却による建物の減少額を意味する評価勘定
	備　　品	資　産	建物・車両・土地以外の固定資産（パソコン、デスク、棚など）
	備品減価償却累計額	資産控除	減価償却による備品の減少額を意味する評価勘定
損益計算書	減価償却費	費　用	固定資産の当期の価値減少額を表す費用

※解答欄の決算整理後残高試算表から、減価償却累計額は固定資産別の勘定科目を用意していることが判明する（「建物減価償却累計額」勘定、「備品減価償却累計額」勘定)。対して、減価償却費は単に「減価償却費」勘定を用いることが判明する。よって、決算整理仕訳においても、これらの勘定科目を用いる。なお、問題によっては減価償却費も「建物減価償却費」勘定のように、固定資産別の勘定科目を用いることがある。

2．決算整理仕訳の金額

備品は、期中取得しているため、月割計算をする点に留意すること。

減価償却費（建物）：取得原価640,000÷耐用年数８年＝80,000

減価償却費（備品）：取得原価210,000÷耐用年数５年×３ヶ月(X6.1 ～ X6.3)
/12ヶ月＝10,500

3．財務諸表計上額

減価償却累計額（建物）：前T/B240,000＋決算整理80,000＝△320,000

建物の帳簿価額：取得原価640,000－減価償却累計額320,000＝320,000

減価償却累計額（備品）：決算整理△10,500

備品の帳簿価額：取得原価210,000－減価償却累計額10,500＝199,500

減価償却費：建物80,000＋備品10,500＝90,500

POINT

- **定額法の場合、毎期の減価償却費は同額となる。**
- **前期以前に取得している場合、損益計算書の減価償却費と貸借対照表の減価償却累計額はズレる点に留意すること。**
- **期中に取得した場合の減価償却費は、当期の使用月数で月割計算を行う。**

12-3 固定資産の売却 ／□ ／□ ／□

次の取引について、売却時の仕訳を示しなさい。なお、減価償却は間接法により記帳している。

(1) 車両（取得原価1,500,000円、減価償却累計額500,000円）を1,250,000円で売却し、代金は翌月末に受け取ることにした。

(2) 備品（取得原価5,400,000円、減価償却累計額　?　円）を3,100,000円で売却し小切手を受け取った。なお、備品の減価償却は、定額法、残存価額は取得原価の10%、耐用年数10年で行っており、取得してから売却するまでに4年経過している。

■ 解答欄

番号	借方科目	金額	貸方科目	金額

解答・解説 固定資産の売却

番号	借方科目	金額	貸方科目	金額
(1)	減価償却累計額	500,000	車　　両	1,500,000
	未　収　入　金	1,250,000	固定資産売却益	250,000
(2)	減価償却累計額	1,944,000	備　　品	5,400,000
	現　　金	3,100,000		
	固定資産売却損	356,000		

1．本問の勘定科目

財務諸表	勘定科目	5要素	意味
貸借対照表	現　　金	資　産	通貨および通貨代用証券
	未収入金	資　産	商品以外の物品を後払いで売却したことによって生じた、代金を回収する権利
	車　　両	資　産	営業用自動車、運送用トラックなど
	備　　品	資　産	建物・車両・土地以外の固定資産（パソコン、デスク、棚など）
	減価償却累計額	資産控除	減価償却による固定資産の減少額を意味する評価勘定
損益計算書	固定資産売却益	収　益	固定資産を帳簿価額よりも高い金額で売却した場合の収益
	固定資産売却損	費　用	固定資産を帳簿価額よりも低い金額で売却した場合の費用

2．各取引の解説

⑴　車両の売却益

固定資産売却益：売却金額1,250,000－帳簿価額1,000,000（＝取得原価1,500,000
－減価償却累計額500,000）＝250,000（益）

⑵　備品の売却

減価償却累計額：取得原価5,400,000×90％÷耐用年数10年×経過年数４年
＝1,944,000

固定資産売却損：売却金額3,100,000－帳簿価額3,456,000（＝取得原価5,400,000
－減価償却累計額1,944,000）＝△356,000（損）

POINT

- 固定資産を売却した場合、「減価償却累計額」勘定を減少させる。
- 固定資産売却損益は売却金額と帳簿価額の差額により算定する。

12-4 貸倒時の処理 ／□ ／□ ／□

次の一連の取引について、仕訳を示しなさい。なお、前期の決算整理手続きにおいて、売上債権に対して貸倒引当金を6,300円設定している。

(1) 得意先A社に対する前期販売分の売掛金3,800円が貸し倒れた。
(2) 得意先B社に対する当期販売分の売掛金1,900円が貸し倒れた。
(3) 得意先C社に対する前期販売分の受取手形2,600円が貸し倒れた。

■ 解答欄

番号	借方科目	金額	貸方科目	金額

解答・解説 貸倒時の処理

番号	借方科目	金額	貸方科目	金額
(1)	貸倒引当金	3,800	売掛金	3,800
(2)	貸倒損失	1,900	売掛金	1,900
(3)	貸倒引当金	2,500	受取手形	2,600
	貸倒損失	100		

1．本問の勘定科目

財務諸表	勘定科目	5要素	意味
貸借対照表	受取手形	資産	手形代金を回収する権利
	売掛金	資産	商品を掛け売上したことによって生じた、代金を回収する権利
	貸倒引当金	資産控除	売上債権の貸倒見積高を意味する評価勘定
損益計算書	貸倒損失	費用	当期販売分の売上債権が貸倒れた場合、または、前期販売分の貸倒れで貸倒引当金を超過した場合の費用

2．各取引の解説（本問は一連の取引であるため、「貸倒引当金」勘定の残高の変動に留意すること。）

⑴　前期販売分の貸倒れであるので、「貸倒引当金」勘定を取り崩す。

⑵　当期販売分の貸倒れであるため、「貸倒損失」勘定の計上とする。

⑶　前期販売分の貸倒れであるので、「貸倒引当金」勘定を取り崩す。ただし、「貸倒引当金」勘定の残高は⑴の仕訳の結果、2,500（＝前期末残高6,300－⑴取崩高3,800）となっている。よって、⑶の貸倒れ2,600のうち、「貸倒引当金」勘定の残高を超過した100は当期の費用とするため「貸倒損失」勘定の計上とする。

POINT

- **貸倒れた売上債権が、当期販売分か、前期販売分かによって仕訳が異なる。**
- **当期販売分の貸倒れが生じた場合は、「貸倒損失」勘定の発生とする。**
- **前期販売分の貸倒れが生じた場合は、「貸倒引当金」勘定を取り崩す。なお、貸倒額が「貸倒引当金」勘定の残高を超過する場合は、超過額を「貸倒損失」勘定の発生とする。**

12-5 貸倒引当金の設定 ／□ ／□ ／□

決算日（X2年３月31日）となったため、決算整理手続きを行う。そこで、次の資料に基づいて、(1)決算整理仕訳を示し、決算整理後残高試算表を作成しなさい。(2)また、当期の財務諸表を作成しなさい。

1．決算整理前残高試算表

借方残高	勘定科目	貸方残高
400,000	売　掛　金	
	貸倒引当金	2,000

2．期末売上債権残高の３％を貸倒見積高として、差額補充法により貸倒引当金を設定する。

■ 解答欄

(1)

日付	借方科目	金額	貸方科目	金額

決算整理後残高試算表

借方残高	勘定科目	貸方残高
	売　掛　金	
	貸 倒 引 当 金	
	貸倒引当金繰入	

(2)

貸借対照表

X2年３月31日

売　掛　金	
貸 倒 引 当 金 △	

損益計算書

X1年4月1日～X2年3月31日

貸倒引当金繰入	

解答・解説　貸倒引当金の設定

(1)

日付	借方科目	金額	貸方科目	金額
3/31	貸倒引当金繰入	10,000	貸 倒 引 当 金	10,000

決算整理後残高試算表

借方残高	勘定科目	貸方残高
400,000	売　掛　金	
	貸 倒 引 当 金	12,000
10,000	貸倒引当金繰入	

(2)

貸借対照表

X2年３月31日

売　掛　金	400,000		
貸 倒 引 当 金	△12,000	388,000	

損益計算書

X1年４月１日～X2年３月31日

貸倒引当金繰入	10,000	

1．本問の勘定科目

財務諸表	勘定科目	５要素	意味
貸借対照表	売　掛　金	資　産	商品を掛け売上したことによって生じた、代金を回収する権利
	貸倒引当金	資産控除	売上債権の貸倒見積高を意味する評価勘定
損益計算書	貸倒引当金繰入	費　用	翌期に見込まれる貸倒損失を当期に費用計上した額（差額補充法により算定する）

2．売上債権の決算整理

売上債権は決算整理で貸倒引当金の設定を行う。なお、貸倒引当金繰入は差額補充法により算定するため、決算整理前残高試算表に計上されている貸倒引当金の残高に留意すること。

3．決算整理仕訳の金額

貸倒引当金繰入：売掛金400,000×実績率３％－前T/B貸倒引当金2,000＝10,000

4．財務諸表計上額

貸倒引当金：売掛金400,000×実績率３％＝△12,000

または、前T/B2,000＋決算整理10,000＝△12,000

売掛金の帳簿価額：債権金額400,000－貸倒引当金12,000＝388,000
　または、債権金額400,000×（１－実績率３％）＝388,000
貸倒引当金繰入：決算整理10,000

POINT

- 貸倒引当金繰入は差額補充法により算定する。よって、問題を解く際に、決算整理前残高試算表に「貸倒引当金」勘定が計上されているかを確認すること。
- 決算整理前残高試算表に「貸倒引当金」勘定が計上されている場合、貸倒引当金繰入と貸倒引当金の財務諸表計上額は一致しない。

12-6 売上原価の算定

/ □　/ □　/ □

決算日（X6年３月31日）となったため、決算整理手続きを行う。そこで、次の資料に基づいて、⑴決算整理仕訳を示し、決算整理後残高試算表を作成しなさい。⑵また、当期の財務諸表を作成しなさい。なお、売上原価は仕入勘定で集計すること。

1. 決算整理前残高試算表

借方残高	勘定科目	貸方残高
10,000	繰越商品	
	売　上	230,000
114,000	仕　入	

2. 期末商品棚卸高は8,500円である。

■ 解答欄

(1)

日付	借方科目	金額	貸方科目	金額

決算整理後残高試算表

借方残高	勘定科目	貸方残高
	繰越商品	
	売　上	
	仕　入	

(2)

貸借対照表

X6年３月31日

商　品	

損益計算書

X5年４月１日～X6年３月31日

売上原価	売上高

解答・解説 売上原価の算定

(1)

日付	借方科目	金額	貸方科目	金額
3/31	仕　入	10,000	繰越商品	10,000
〃	繰越商品	8,500	仕　入	8,500

決算整理後残高試算表

借方残高	勘定科目	貸方残高
8,500	繰越商品	
	売上	230,000
115,500	仕入	

(2)

貸借対照表

X6年3月31日

商品	8,500	

損益計算書

X5年4月1日～X6年3月31日

売上原価	115,500	売上高	230,000

1．本問の勘定科目

財務諸表	勘定科目	5要素	意味
貸借対照表	繰越商品 （商　品）	資産	決算整理前：期首商品棚卸高 決算整理後：期末商品棚卸高
損益計算書	売　　上 （売上高）	収益	商品の売上によって生じた収益
	仕　　入 （売上原価）	費用	決算整理前：当期商品仕入高 決算整理後：売上原価

※（　）は、財務諸表上の表示科目

2．商品の決算整理

商品は決算整理で売上原価の算定を行う。よって、期首商品棚卸高および期末商品棚卸高を「仕入」勘定に加減する。

3．決算整理仕訳の金額

仕訳の1行目：期首商品棚卸高10,000（前T/B繰越商品）

仕訳の2行目：期末商品棚卸高8,500

4．財務諸表計上額

商品：期末商品8,500

売上原価：前T/B仕入114,000＋期首商品10,000－期末商品8,500＝115,500

POINT

- 決算において、売上原価を算定し期末在庫を資産計上する。
- 決算整理前の仕入に対して、期首在庫を加算し、期末在庫を減額することで、売上原価を算定する。
- 「仕入」勘定の決算整理後残高は売上原価を意味する。
- 勘定科目と表示科目が異なる点に留意する。

12-7 売上原価を「売上原価」勘定で算定する場合 ＿/□ ＿/□ ＿/□

決算日（X6年３月31日）となったため、決算整理手続きを行う。そこで、次の資料に基づいて、⑴決算整理仕訳を示し、決算整理後残高試算表を作成しなさい。⑵また、当期の財務諸表を作成しなさい。なお、売上原価は売上原価勘定で集計すること。

１． 決算整理前残高試算表

借方残高	勘定科目	貸方残高
10,000	繰越商品	
	売　　上	230,000
114,000	仕　　入	

２．期末商品棚卸高は8,500円である。

■解答欄

(1)

日付	借方科目	金額	貸方科目	金額

決算整理後残高試算表

借方残高	勘定科目	貸方残高
	繰越商品	
	売　　上	
	売上原価	

(2)

貸借対照表

X6年３月31日

商　品	

損益計算書

X5年４月１日～X6年３月31日

売上原価	売上高

解答・解説　売上原価を「売上原価」勘定で算定する場合

(1)

日付	借方科目	金額	貸方科目	金額
3/31	売上原価	114,000	仕入	114,000
〃	売上原価	10,000	繰越商品	10,000
〃	繰越商品	8,500	売上原価	8,500

決算整理後残高試算表

借方残高	勘定科目	貸方残高
8,500	繰越商品	
	売上	230,000
115,500	売上原価	

(2)

貸借対照表

X6年３月31日

商品	8,500	

損益計算書

X5年４月１日～X6年３月31日

売上原価	115,500	売上高	230,000

1．本問の勘定科目

財務諸表	勘定科目	５要素	意味
貸借対照表	繰越商品 (商品)	資産	決算整理前：期首商品棚卸高 決算整理後：期末商品棚卸高
損益計算書	売上 (売上高)	収益	商品の売上によって生じた収益
	仕入	費用	当期商品仕入高
	売上原価	費用	売上原価

※（　）は、財務諸表上の表示科目

2．売上原価勘定を用いる場合

仕入高を「売上原価」勘定に振り替え、在庫の調整を「売上原価」勘定で行う。

3．財務諸表計上額

本問は問題12-6と同じ数値例となっている。そのため、財務諸表計上額は12-6と同じになる。

POINT

・売上原価の算定の決算整理手続きには「売上原価」勘定を用いる方法もある。

12-8 前払費用 ／□ ／□ ／□

決算日（X6年３月31日）となったため、決算整理手続きを行う。そこで、次の資料に基づいて、⑴決算整理仕訳を示し、決算整理後残高試算表を作成しなさい。⑵また、翌期の再振替仕訳を示しなさい。

1．決算整理前残高試算表

借方残高	勘定科目	貸方残高
531,000	保　険　料	

2．保険料はX5年11月１日に１年分を前払いした際に計上したものである。

■解答欄

⑴

日付	借方科目	金額	貸方科目	金額

決算整理後残高試算表

借方残高	勘定科目	貸方残高
	（　　）保険料	
	保　険　料	

⑵

日付	借方科目	金額	貸方科目	金額

解答・解説 前払費用

⑴

日付	借方科目	金額	貸方科目	金額
3/31	前払保険料	309,750	保　険　料	309,750

決算整理後残高試算表

借方残高	勘定科目	貸方残高
309,750	前払保険料	
221,250	保　険　料	

(2)

日付	借方科目	金額	貸方科目	金額
4/1	保　　険　　料	309,750	前 払 保 険 料	309,750

1．本問の勘定科目

財務諸表	勘定科目	5要素	意味
貸借対照表	前払保険料（前払費用）	資産	翌期分の保険料を当期に前払いした場合の、その期間保険サービスを受ける権利
損益計算書	保　険　料	費用	火災保険など保険料に関する費用

※（　　）は、財務諸表上の表示科目

2．前払費用の決算整理

翌期分の費用を前払いした場合、費用の残高を当期発生額にするために、翌期分の費用を「前払費用」（資産）へ振り替える。

3．決算整理仕訳の金額

前払保険料：前T/B保険料531,000（12ヶ月分）×翌期分7ヶ月（X6.4～X6.10）／12ヶ月＝309,750

4．決算整理後残高試算表計上額

前払保険料：決算整理309,750（翌期分）

保険料：前T/B531,000（支払額）－決算整理309,750（翌期分）＝221,250（当期分）

または、前T/B531,000（12ヶ月分）×当期分5ヶ月（X5.11～X6.3）／12ヶ月＝221,250

5．再振替仕訳

決算で前払費用を計上したら、翌期首に再振替仕訳（決算整理仕訳の逆）を行う。

POINT

- **翌期分を前払いした場合、翌期分の金額を、当期の費用から「前払○○」勘定（資産）へ振り替える。**
- **損益計算書に計上される費用の金額は、当期発生額となる。**
- **翌期は、翌期首に再振替仕訳することで、翌期の費用を計上する。**

12-9 前受収益

/ □ / □ / □

決算日（X6年12月31日）となったため、決算整理手続きを行う。そこで、次の資料に基づいて、(1)決算整理仕訳を示し、決算整理後残高試算表を作成しなさい。(2)また、翌期の再振替仕訳を示しなさい。

1. 決算整理前残高試算表

借方残高	勘定科目	貸方残高
	受取家賃	36,000

2. 受取家賃はX6年11月1日に向こう9ヶ月分を受け取った際に計上したものである。

■解答欄

(1)

日付	借方科目	金額	貸方科目	金額

決算整理後残高試算表

借方残高	勘定科目	貸方残高
	(　　)家賃	
	受取家賃	

(2)

日付	借方科目	金額	貸方科目	金額

解答・解説 前受収益

(1)

日付	借方科目	金額	貸方科目	金額
12/31	受取家賃	28,000	前受家賃	28,000

決算整理後残高試算表

借方残高	勘定科目	貸方残高
	前受家賃	28,000
	受取家賃	8,000

(2)

日付	借方科目	金額	貸方科目	金額
1/1	前受家賃	28,000	受取家賃	28,000

1．本問の勘定科目

財務諸表	勘定科目	5要素	意味
貸借対照表	前受家賃 (前受収益)	負債	翌期分の家賃を当期に前受けした場合の、その期間建物を貸す義務
損益計算書	受取家賃	収益	建物を貸すことで得られる家賃による収益

※（　）は、財務諸表上の表示科目

2．前受収益の決算整理

翌期分の収益を前受けした場合、収益の残高を当期発生額にするために、翌期分の収益を「前受収益」(負債) へ振り替える。

3．決算整理仕訳の金額

前受家賃：前T/B36,000（9ヶ月分）×翌期分7ヶ月（X7.1～X7.7）／9ヶ月
　＝28,000

4．決算整理後残高試算表計上額

前受家賃：決算整理28,000（翌期分）

受取家賃：前T/B36,000（受取額）－決算整理28,000（翌期分）＝8,000（当期分）
または、前T/B36,000（9ヶ月分）×当期分2ヶ月（X6.11～X6.12）／9ヶ月
＝8,000

5．再振替仕訳

決算で前受収益を計上したら、翌期首に再振替仕訳 (決算整理仕訳の逆) を行う。

POINT

- **翌期分を前受けした場合、翌期分の金額を、当期の収益から「前受○○」勘定 (負債) へ振り替える。**
- **損益計算書に計上される収益の金額は、当期発生額となる。**
- **翌期は、翌期首に再振替仕訳することで、翌期の収益を計上する。**

12-10 未払費用

/ □ / □ / □

決算日（X6年３月31日）となったため、決算整理手続きを行う。そこで、次の資料に基づいて、(1)決算整理仕訳を示し、決算整理後残高試算表を作成しなさい。(2)また、翌期の再振替仕訳を示しなさい。

1. 決算整理前残高試算表

借方残高	勘定科目	貸方残高
	借入金	300,000
9,000	支払利息	

2. 借入金はX5年７月１日に借り入れたものであり、利率：年６％、利払日：年２回（６月末、12月末）、借入期間：２年間である。なお、利息は月割計算により算定する。

■ 解答欄

(1)

日付	借方科目	金額	貸方科目	金額

決算整理後残高試算表

借方残高	勘定科目	貸方残高
	借入金	
	（　　）利息	
	支払利息	

(2)

日付	借方科目	金額	貸方科目	金額

解答・解説 未払費用

(1)

日付	借方科目	金額	貸方科目	金額
3/31	支払利息	4,500	未払利息	4,500

決算整理後残高試算表

借方残高	勘定科目	貸方残高
	借入金	300,000
	未払利息	4,500
13,500	支払利息	

(2)

日付	借方科目	金額	貸方科目	金額
4/1	未払利息	4,500	支払利息	4,500

1．本問の勘定科目

財務諸表	勘定科目	5要素	意味
貸借対照表	借入金	負債	資金の借り入れによって生じた、返済義務
	未払利息 (未払費用)	負債	当期分の利息が未払いである場合の、代金を支払う義務
損益計算書	支払利息	費用	利息に関する費用

※（　）は、財務諸表上の表示科目

2．未払費用の決算整理

当期分の費用が未払いの場合、費用の残高を当期発生額にするために、当期分の費用を計上し「未払費用」(負債) を計上する。

3．決算整理仕訳の金額

未払利息：借入金300,000×利率６％×当期分３ヶ月（X6.1 ～ X6.3）／12 ヶ月
＝4,500

第12章 決算Ⅱ（総論、減価償却、貸倒引当金、売上原価、経過勘定）

4．決算整理後残高試算表計上額

未払利息：決算整理4,500（当期分）

支払利息：前T/B9,000（支払額）＋決算整理4,500（当期未払）＝13,500（当期分）

または、借入金300,000×利率６％×当期分９ヶ月（X5.7～X6.3）／12ヶ月＝13,500

5．再振替仕訳

決算で未払費用を計上したら、翌期首に再振替仕訳（決算整理仕訳の逆）を行う。また、翌期に下記の仕訳が行われる結果、X6年６月30日時点における翌期の支払利息は、4,500（再振替仕訳△4,500＋期中仕訳9,000）となる。

6/30（借）支払利息9,000　（貸）現金など9,000

※借入金300,000×利率６％×６ヶ月／12ヶ月＝9,000

POINT

- 当期分が未払いである場合、当期分の費用を計上したうえで、代金を支払う義務として「未払○○」勘定（負債）を計上する。
- 損益計算書に計上される費用の金額は、当期発生額となる。
- 翌期首に再振替仕訳をすることで、翌期に計上される費用と相殺され、翌期の発生額となる。

12-11 未収収益 ／□ ／□ ／□

決算日（X6年９月30日）となったため、決算整理手続きを行う。そこで、次の資料に基づいて、⑴決算整理仕訳を示し、決算整理後残高試算表を作成しなさい。⑵また、翌期の再振替仕訳を示しなさい。

1. 決算整理前残高試算表

借方残高	勘定科目	貸方残高
180,000	貸　付　金	

2. 貸付金はX6年６月１日に貸し付けたものであり、利率：年7.3%、利払日：年１回（５月末)、貸付期間１年間である。なお、当期経過分の利息は１年を365日とする日割計算により算定する。

■ 解答欄

(1)

日付	借方科目	金額	貸方科目	金額

決算整理後残高試算表

借方残高	勘定科目	貸方残高
	貸　付　金	
	（　　）利息	
	受　取　利　息	

(2)

日付	借方科目	金額	貸方科目	金額

解答・解説 未収収益

(1)

日付	借方科目	金額	貸方科目	金額
9/30	未 収 利 息	4,392	受 取 利 息	4,392

決算整理後残高試算表

借方残高	勘定科目	貸方残高
180,000	貸 付 金	
4,392	未 収 利 息	
	受 取 利 息	4,392

(2)

日付	借方科目	金額	貸方科目	金額
10/1	受 取 利 息	4,392	未 収 利 息	4,392

1．本問の勘定科目

財務諸表	勘定科目	5要素	意味
貸借対照表	貸 付 金	資産	資金を貸し付けたことによって生じた、当該金額を回収する権利
	未収利息 (未収収益)	資産	当期分の利息が未収である場合の、代金を受け取る権利
損益計算書	受取利息	収益	利息に関する収益

※（　）は、財務諸表上の表示科目

2．未収収益の決算整理

当期分の収益が未収の場合、収益の残高を当期発生額にするために、当期分の収益を計上し「未収収益」(資産) を計上する。

3．決算整理仕訳の金額

未収利息：貸付金180,000×利率7.3％×当期分122日※1（X6.6 ～ X6.9）／ 365日
＝4,392

※1　当期日数：30日（6月）＋31日（7月）＋31日（8月）＋30日（9月）＝122日

4．決算整理後残高試算表計上額

未収利息：決算整理4,392（当期分）

受取利息：決算整理4,392（当期分）

または、貸付金180,000×利率7.3％×当期分122日（X6.6～X6.9）／365日
＝4,392

5．再振替仕訳

決算で未収収益を計上したら、翌期首に再振替仕訳（決算整理仕訳の逆）を行う。また、翌期に下記の仕訳が行われる結果、X7年5月31日時点における翌期の受取利息は、8,748（再振替仕訳△4,392＋期中仕訳13,140）となる。

5/31（借）現金など13,140　（貸）受取利息13,140

※貸付金180,000×利率7.3％＝13,140

POINT

- **当期分が未収である場合、当期分の収益を計上したうえで、代金を受け取る権利として「未収○○」勘定（資産）を計上する。**
- **損益計算書に計上される収益の金額は、当期発生額となる。**
- **翌期首に再振替仕訳をすることで、翌期に計上される収益と相殺され、翌期の発生額となる。**

12-12 経過勘定の財務諸表表示　　／□　／□　／□

次の資料に基づいて、当期の貸借対照表を作成しなさい。

〈決算整理後残高試算表に計上された項目〉

前払家賃	13,100	未払家賃	12,300	未収利息	50,300	未払利息	65,000
前受地代	5,400	前払利息	33,200	未払保険料	7,800	未収地代	10,000

■解答欄

貸借対照表

前払（　　）	46,300	（　　　　）	5,400
（　　　　）	60,300	（　　）費用	85,100

解答・解説 経過勘定の財務諸表表示

貸借対照表

前払費用	46,300	前受収益	5,400
未収収益	60,300	未払費用	85,100

1．本問の勘定科目

財務諸表	勘定科目	5要素	意味
貸借対照表	前払家賃 (前払費用)	資産	翌期分の家賃を当期に前払いした場合の、その期間建物を借りる権利
	前払利息 (前払費用)	資産	翌期分の利息を当期に前払いした場合の、その期間お金を借りる権利
	未収利息 (未収収益)	資産	当期分の利息が未収である場合の、代金を受け取る権利
	未収地代 (未収収益)	資産	当期分の地代が未収である場合の、代金を受け取る権利
	前受地代 (前受収益)	負債	翌期分の地代を当期に前受けした場合の、その期間土地を貸す義務
	未払家賃 (未払費用)	負債	当期分の家賃が未払いである場合の、代金を支払う義務
	未払利息 (未払費用)	負債	当期分の利息が未払いである場合の、代金を支払う義務
	未払保険料 (未払費用)	負債	当期分の保険料が未払いである場合の、代金を支払う義務

※（　）は、財務諸表上の表示科目

2．各金額

前払費用：前払家賃13,100＋前払利息33,200＝46,300

未収収益：未収利息50,300＋未収地代10,000＝60,300

前受収益：前受地代5,400

未払費用：未払家賃12,300＋未払利息65,000＋未払保険料7,800＝85,100

POINT

- 経過勘定は、勘定科目と表示科目が異なる点に留意する。
- 「前払○○」と「未収○○」は資産、「前受○○」と「未払○○」は負債に区分される。

12-13 決算の総合問題　／□　／□　／□

目標20分

次の資料に基づいて、当期（X年１月１日～X年12月31日）の財務諸表を作成しなさい。

〔資料Ⅰ〕決算整理前残高試算表

決算整理前残高試算表

X年12月31日　（単位：円）

借方残高	勘定科目	貸方残高
4,000,000	現　　金	
1,500,000	受取手形	
2,000,000	売 掛 金	
600,000	繰越商品	
5,000,000	建　　物	
2,000,000	備　　品	
	支払手形	500,000
	買 掛 金	1,500,000
	借 入 金	300,000
	貸倒引当金	48,000
	建物減価償却累計額	600,000
	備品減価償却累計額	180,000
	資 本 金	5,500,000
	繰越利益剰余金	5,472,000
	売　　上	4,200,000
2,700,000	仕　　入	
470,000	給　　料	
30,000	支払利息	
18,300,000		18,300,000

〔資料Ⅱ〕決算整理事項

1．期末商品棚卸高　750,000円

2．貸倒引当金は、期末売上債権の２％を貸倒見積高として設定する。

3．減価償却

(1)建物：定額法　耐用年数30年
残存価額10％

(2)備品：定額法　耐用年数10年
残存価額ゼロ

4．給料のうち、20,000円は翌期分である。

5．支払利息の未払分3,000円を計上する。

■ 解答欄

貸借対照表

X年12月31日　(単位：円)

現　　金		(　　)	支払手形	(　　)
受取手形	(　　)		買 掛 金	(　　)
貸倒引当金	(　　)	(　　)	借 入 金	(　　)
売 掛 金	(　　)		(　　)費用	(　　)
貸倒引当金	(　　)	(　　)	資 本 金	(　　)
商　　品		(　　)	繰越利益剰余金	(　　)
(　　)費用		(　　)		
建　　物	(　　)			
減価償却累計額	(　　)	(　　)		
備　　品	(　　)			
減価償却累計額	(　　)	(　　)		
		(　　)		(　　)

損益計算書

X年1月1日～X年12月31日　(単位：円)

売上原価	(　　)	売 上 高	(　　)
給　　料	(　　)		
貸倒引当金繰入	(　　)		
減価償却費	(　　)		
支払利息	(　　)		
当期純利益	(　　)		
	(　　)		(　　)

解答・解説　決算の総合問題

貸借対照表

X年12月31日　　(単位：円)

現金		4,000,000	支払手形	500,000
受取手形	1,500,000		買掛金	1,500,000
貸倒引当金	△30,000	1,470,000	借入金	300,000
売掛金	2,000,000		未払費用	3,000
貸倒引当金	△40,000	1,960,000	資本金	5,500,000
商品		750,000	繰越利益剰余金	6,267,000
前払費用		20,000		
建物	5,000,000			
減価償却累計額	△750,000	4,250,000		
備品	2,000,000			
減価償却累計額	△380,000	1,620,000		
		14,070,000		14,070,000

損益計算書

X年1月1日～X年12月31日　(単位：円)

売上原価	2,550,000	売上高	4,200,000
給料	450,000		
貸倒引当金繰入	22,000		
減価償却費	350,000		
支払利息	33,000		
当期純利益	795,000		
	4,200,000		4,200,000

1．本問の勘定科目

財務諸表	勘定科目	5要素	意味
貸借対照表	現金	資産	通貨および通貨代用証券
	受取手形	資産	手形代金を回収する権利
	売掛金	資産	商品を掛け売上したことによって生じた、代金を回収する権利
	繰越商品（商品）	資産	決算整理前：期首商品棚卸高 決算整理後：期末商品棚卸高
	前払給料（前払費用）	資産	翌期分の給料を当期に前払いした場合の、労働サービスを受ける権利
	建物	資産	店舗、本社ビル、倉庫など
	備品	資産	建物・車両・土地以外の固定資産（パソコン、デスク、棚など）
	貸倒引当金	資産控除	売上債権の貸倒見積高を意味する評価勘定
	建物減価償却累計額	資産控除	減価償却による建物の減少額を意味する評価勘定
	備品減価償却累計額	資産控除	減価償却による備品の減少額を意味する評価勘定
	支払手形	負債	手形代金を支払う義務
	買掛金	負債	商品を掛け仕入したことによって生じた、代金の支払義務
	借入金	負債	資金の借り入れによって生じた、返済義務
	未払利息（未払費用）	負債	当期分の利息が未払いである場合の、代金を支払う義務
	資本金	資本	資本の増加額のうち、株主から出資を受けた金額（元手）
	繰越利益剰余金	資本	資本の増加額のうち、会社が稼いだ金額（利益）
損益計算書	売上（売上高）	収益	商品の売上によって生じた収益
	仕入（売上原価）	費用	決算整理前：当期商品仕入高 決算整理後：売上原価
	給料	費用	給料を支払ったことによる費用
	貸倒引当金繰入	費用	翌期に見込まれる貸倒損失を当期に費用計上した額
	減価償却費	費用	固定資産の当期の価値減少額を表す費用
	支払利息	費用	利息に関する費用

※（　）は、財務諸表上の表示科目

2．決算整理手続き

⑴ 売上原価の算定

① 決算整理仕訳

(借) 仕　　　入	600,000	(貸) 繰 越 商 品	600,000※1
(借) 繰 越 商 品	750,000	(貸) 仕　　　入	750,000

※1　期首在庫：前T/B繰越商品600,000

② 財務諸表計上額

財務諸表	表示科目	算定式
貸借対照表	商　　品	期末在庫750,000
損益計算書	売 上 原 価	前T/B仕入2,700,000＋期首在庫600,000 －期末在庫750,000＝2,550,000

⑵ 貸倒引当金の設定

① 決算整理仕訳

(借) 貸倒引当金繰入	22,000※1	(貸) 貸 倒 引 当 金	22,000

※1　貸倒引当金繰入：貸倒見積高70,000－前T/B貸倒引当金48,000＝22,000

② 財務諸表計上額

財務諸表	表示科目	算定式
貸借対照表	貸倒引当金	受取手形：受取手形1,500,000×２％＝△30,000
	貸倒引当金	売掛金：売掛金2,000,000×２％＝△40,000
損益計算書	貸倒引当金繰入	決算整理22,000

⑶ 減価償却費の計上

① 決算整理仕訳

(借) 減 価 償 却 費	150,000※1	(貸) 建物減価償却累計額	150,000
(借) 減 価 償 却 費	200,000※2	(貸) 備品減価償却累計額	200,000

※1　減価償却費（建物）：取得原価5,000,000×90％÷30年＝150,000

※2　減価償却費（備品）：取得原価2,000,000÷10年＝200,000

② 財務諸表計上額

財務諸表	表示科目	算定式
貸借対照表	建物減価償却累計額	前T/B600,000＋決算整理150,000＝750,000
	備品減価償却累計額	前T/B180,000＋決算整理200,000＝380,000
損益計算書	減価償却費	建物減価償却費150,000＋備品減価償却費200,000＝350,000

(4) 経過勘定

① 決算整理仕訳

(借) 前払給料	20,000	(貸) 給料	20,000
(借) 支払利息	3,000	(貸) 未払利息	3,000

② 財務諸表計上額

財務諸表	表示科目	算定式
貸借対照表	前払費用	前払給料20,000
	未払費用	未払利息3,000
損益計算書	給料	前T/B給料470,000－決算整理20,000＝450,000
	支払利息	前T/B支払利息30,000＋決算整理3,000＝33,000

3．当期純利益と繰越利益剰余金

損益計算書の当期純利益は貸借差額により算定する。また、貸借対照表の繰越利益剰余金は当期純利益の金額だけ増加する。

当期純利益：収益合計4,200,000－費用合計3,405,000＝795,000

繰越利益剰余金：前T/B5,472,000＋当期純利益795,000＝6,267,000

4．上記以外の項目

上記以外の科目は、決算整理前残高試算表計上額が財務諸表計上額となる。

POINT

- 決算整理の総合問題は、決算整理前残高試算表から必要な金額を探し出せることが重要である。
- 決算整理仕訳を行う都度、解答を埋めること。
- 1つの決算整理仕訳は2つの勘定科目を増減させるため、解答箇所を2つ埋めることを意識すること。

第13章

決算Ⅲ
（現金過不足、貯蔵品、当座借越）

13-1 「現金過不足」勘定が借方残高の場合　＿/□　＿/□　＿/□

決算日（X2年３月31日）となったため、決算整理手続きを行う。そこで、次の資料に基づいて、決算整理仕訳を示し、決算整理後残高試算表を作成しなさい。

1．決算整理前残高試算表

借方残高	勘定科目	貸方残高
5,200	現金過不足	

2．現金過不足5,200円の原因を調査したが原因は判明しなかった。

■解答欄

日付	借方科目	金額	貸方科目	金額

決算整理後残高試算表

借方残高	勘定科目	貸方残高
5,200	雑　（　　　　）	

解答・解説 「現金過不足」勘定が借方残高の場合

日付	借方科目	金額	貸方科目	金額
3/31	雑　　　損	5,200	現 金 過 不 足	5,200

決算整理後残高試算表

借方残高	勘定科目	貸方残高
5,200	雑　　　損	

1．本問の勘定科目

財務諸表	勘定科目	５要素	意味
損益計算書	雑　　損	費　用	原因不明の現金不足額による費用
―	現金過不足	仮勘定	現金過不足の発生額を計上する仮勘定

2．現金過不足勘定の決算整理

仮勘定である「現金過不足」勘定は、決算整理で残高をゼロにする。その際に、原因不明の現金過不足は「雑損」勘定または「雑益」勘定を計上する。

3．決算整理仕訳

「現金過不足」勘定が借方残高であるため、現金不足額を意味する。よって、決算整理仕訳の貸方で「現金過不足」勘定を取り消し、相手勘定として「雑損」勘定を計上する。

4．決算整理後残高試算表計上額

雑損：決算整理5,200

POINT

・決算整理前残高試算表に「現金過不足」勘定が計上されている場合、決算整理仕訳でゼロにする。なお、「現金過不足」勘定の借方残高は現金の不足額を意味する。
・原因不明の現金過不足は決算整理において、「雑損」勘定または「雑益」勘定に計上する。

13-2 「現金過不足」勘定が貸方残高の場合 ＿/□ ＿/□ ＿/□

決算日（X2年３月31日）となったため、決算整理手続きを行う。そこで、次の資料に基づいて、決算整理仕訳を示し、決算整理後残高試算表を作成しなさい。

1．決算整理前残高試算表

借方残高	勘定科目	貸方残高
	現金過不足	30,000
	受 取 利 息	26,900

2．現金過不足30,000円の原因を調査した結果、受取利息19,000円の計上もれが判明したが、残額の原因は判明しなかった。

■解答欄

日付	借方科目	金額	貸方科目	金額

決算整理後残高試算表

借方残高	勘定科目	貸方残高
	受 取 利 息	
	雑（　　　）	

解答・解説 「現金過不足」勘定が貸方残高の場合

日付	借方科目	金額	貸方科目	金額
3/31	現 金 過 不 足	30,000	受 取 利 息	19,000
			雑 益	11,000

決算整理後残高試算表

借方残高	勘定科目	貸方残高
	受 取 利 息	45,900
	雑 益	11,000

1．本問の勘定科目

財務諸表	勘定科目	5要素	意味
損益計算書	受取利息	収　益	利息を受け取ったことによる収益
	雑　　益	収　益	原因不明の現金超過額による収益
―	現金過不足	仮勘定	現金過不足の発生額を計上する仮勘定

2．決算整理仕訳

「現金過不足」勘定が貸方残高であるため、現金超過額を意味する。よって、決算整理仕訳の借方で「現金過不足」勘定を取り消し、原因不明分については「雑益」勘定を計上する。

雑益：現金過不足30,000－原因判明額19,000＝11,000

3．決算整理後残高試算表計上額

受取利息：前T/B26,900＋決算整理19,000＝45,900

雑益：決算整理11,000

POINT

- 決算整理前残高試算表に「現金過不足」勘定が計上されている場合、決算整理仕訳でゼロにする。なお、「現金過不足」勘定の貸方残高は現金の超過額を意味する。
- 原因不明の現金過不足は決算整理において、「雑損」勘定または「雑益」勘定に計上する。
- 決算日で原因が判明したもの（本問でいう受取利息）は、決算整理で残高が変動する点に留意すること。

13-3 決算日に現金過不足が生じた場合 ／□ ／□ ／□

決算日（X2年３月31日）となったため、決算整理手続きを行う。そこで、次の資料に基づいて、決算整理仕訳を示し、決算整理後残高試算表を作成しなさい。

1．決算整理前残高試算表

借方残高	勘定科目	貸方残高
200,000	現　　金	
70,000	売 掛 金	

2．決算日における現金実査額は225,000円であった。現金超過額のうち、10,000円は売掛金の回収が未処理だったことが判明したが、残額は原因不明である。

■解答欄

日付	借方科目	金額	貸方科目	金額

決算整理後残高試算表

借方残高	勘定科目	貸方残高
	現　　金	
	売 掛 金	
	雑（　　）	

解答・解説 決算日に現金過不足が生じた場合

日付	借方科目	金額	貸方科目	金額
3/31	現　　金	25,000	売 掛 金	10,000
			雑　　益	15,000

決算整理後残高試算表

借方残高	勘定科目	貸方残高
225,000	現　　金	
60,000	売 掛 金	
	雑　　益	15,000

1．本問の勘定科目

財務諸表	勘定科目	5要素	意味
貸借対照表	現　　金	資産	通貨および通貨代用証券
	売 掛 金	資産	商品を掛け売上したことによって生じた、代金を回収する権利
損益計算書	雑　　益	収益	原因不明の現金超過額による収益

2．現金の決算整理

「現金」勘定は、決算整理で実際有高に修正する。その際に、原因不明の現金過不足は「雑損」勘定または「雑益」勘定を計上する。

3．決算整理仕訳の金額

現金：実際有高225,000－前T/B現金200,000＝25,000

雑益：現金超過額25,000－原因判明額10,000＝15,000

4．決算整理後残高試算表計上額

現金：前T/B200,000＋決算整理25,000＝225,000

　または、現金実際有高225,000

売掛金：前T/B70,000－決算整理10,000＝60,000

雑益：決算整理15,000

POINT

- **「現金」勘定の決算整理後残高は現金実査額とする。**
- **決算日で現金過不足が生じた場合、「現金過不足」勘定を用いない。**

13-4 貯蔵品の整理

/ □ / □ / □

決算日（X2年３月31日）となったため、決算整理手続きを行う。そこで、次の資料に基づいて、決算整理仕訳を示し、決算整理後残高試算表を作成しなさい。

1．決算整理前残高試算表

借方残高	勘定科目	貸方残高
15,000	租 税 公 課	

2．租税公課は当期に購入した収入印紙を処理したものであり、このうち当期に使用したのは13,000円分である。

■解答欄

日付	借方科目	金額	貸方科目	金額

決算整理後残高試算表

借方残高	勘定科目	貸方残高
	貯 蔵 品	
	租 税 公 課	

解答・解説 貯蔵品の整理

日付	借方科目	金額	貸方科目	金額
3/31	貯 蔵 品	2,000	租 税 公 課	2,000

決算整理後残高試算表

借方残高	勘定科目	貸方残高
2,000	貯 蔵 品	
13,000	租 税 公 課	

1．本問の勘定科目

財務諸表	勘定科目	5要素	意味
貸借対照表	貯　蔵　品	資産	未使用の郵便切手や収入印紙など、一時的に保有している資産
損益計算書	租 税 公 課	費用	固定資産税や印紙税などの税金を支払った場合の費用

2．貯蔵品の決算整理

未使用の郵便切手や収入印紙が残っている場合、未使用額を「貯蔵品」勘定に振り替える。

3．決算整理仕訳の金額

貯蔵品：前T/B租税公課15,000－使用額13,000＝2,000

4．決算整理後残高試算表計上額

貯蔵品：決算整理2,000（未使用額）

租税公課：前T/B15,000－決算整理2,000＝13,000（使用額）

POINT

- **郵便切手や収入印紙は、当期に使用した分だけを当期の費用とするため、未使用額は決算整理仕訳で「貯蔵品」勘定に計上する。**

13-5 当座借越の整理　＿/□ ＿/□ ＿/□

決算日（X2年３月31日）となったため、決算整理手続きを行う。そこで、次の資料に基づいて、決算整理仕訳を示し、決算整理後残高試算表を作成しなさい。

1．決算整理前残高試算表

借方残高	勘定科目	貸方残高
	当座預金	9,000

2．当社は当座借越契約（借越限度額25,000円）を結んでおり、当期末において、当座借越9,000円が生じている。

■解答欄

日付	借方科目	金額	貸方科目	金額

決算整理後残高試算表

借方残高	勘定科目	貸方残高
	当座借越	

解答・解説 当座借越の整理

日付	借方科目	金額	貸方科目	金額
3/31	当座預金	9,000	当座借越	9,000

決算整理後残高試算表

借方残高	勘定科目	貸方残高
	当座借越	9,000

1．本問の勘定科目

財務諸表	勘定科目	５要素	意味
貸借対照表	当座預金	資産	当座預金口座にあるお金
	当座借越	負債	当座借越により生じた銀行への支払義務

2．当座借越の決算整理

当座預金が貸方残高となっている場合、当該残高を「当座借越」勘定に振り替える。なお、「借入金」勘定とすることもあるが、本問では解答欄の決算整理後残高試算表から「当座借越」勘定を使用すると判断する。

POINT

・当座借越により「当座預金」勘定が貸方残高の場合、「当座借越」勘定または「借入金」勘定に振り替え、負債として表示する。

第14章

決算Ⅳ（精算表、月次決算）

14-1 精算表の基本①（減価償却）　＿/□　＿/□　＿/□

次の決算整理事項に基づき、解答欄に示した精算表を作成しなさい。

1．建物の減価償却は定額法、耐用年数20年、残存価額ゼロ、間接法により行っている。

■解答欄

	試算表		修正記入		損益計算書		貸借対照表	
	借方	貸方	借方	貸方	借方	貸方	借方	貸方
建　　物	50,000							
減価償却累計額		37,500						
減価償却費								

解答・解説　精算表の基本①（減価償却）

	試算表		修正記入		損益計算書		貸借対照表	
	借方	貸方	借方	貸方	借方	貸方	借方	貸方
建　　物	50,000						50,000	
減価償却累計額		37,500		2,500				40,000
減価償却費			2,500		2,500			

1．本問の勘定科目

財務諸表	勘定科目	5要素	意味
貸借対照表	建　　物	資　産	店舗、本社ビル、倉庫など
	減価償却累計額	資産控除	減価償却による固定資産の減少額を意味する評価勘定
損益計算書	減価償却費	費　用	固定資産の当期の価値減少額を表す費用

2．決算整理仕訳

(借) 減価償却費	2,500※1	(貸) 減価償却累計額	2,500

※1　減価償却費：建物50,000÷耐用年数20年＝2,500

POINT

- **精算表の試算表欄の建物の金額は取得原価であるため、これをもとに減価償却費を算定する。**

14-2 精算表の基本②（貸倒引当金） ／□ ／□ ／□

次の決算整理事項に基づき、解答欄に示した精算表を作成しなさい。

1．期末売上債権残高の２％を貸倒見積高として、貸倒引当金を設定する。

■解答欄

	試算表		修正記入		損益計算書		貸借対照表	
	借方	貸方	借方	貸方	借方	貸方	借方	貸方
売掛金	219,000							
貸倒引当金		740						
貸倒引当金繰入								

解答・解説 精算表の基本②（貸倒引当金）

	試算表		修正記入		損益計算書		貸借対照表	
	借方	貸方	借方	貸方	借方	貸方	借方	貸方
売掛金	219,000						219,000	
貸倒引当金		740		3,640				4,380
貸倒引当金繰入			3,640		3,640			

1．本問の勘定科目

財務諸表	勘定科目	5要素	意味
貸借対照表	売　掛　金	資　産	商品を掛け売上したことによって生じた、代金を回収する権利
	貸倒引当金	資産控除	売上債権の貸倒見積高を意味する評価勘定
損益計算書	貸倒引当金繰入	費　用	翌期に見込まれる貸倒損失を当期に費用計上した額（差額補充法により算定する）

2．決算整理仕訳

（借）貸倒引当金繰入	3,640※1	（貸）貸　倒　引　当　金	3,640

※1　貸倒引当金繰入：売掛金219,000×実績率2％－前T/B貸倒引当金740＝3,640

POINT

・貸倒引当金繰入は、差額補充法により算定するため、精算表の試算表欄の貸倒引当金の金額を考慮する点に留意すること。

14-3 精算表の基本③（売上原価）　／□　／□　／□

次の決算整理事項に基づき、解答欄に示した精算表を作成しなさい。

1．期末商品棚卸高は64,000円である。

■ 解答欄

	試算表		修正記入		損益計算書		貸借対照表	
	借方	貸方	借方	貸方	借方	貸方	借方	貸方
繰越商品	44,000							
仕入	800,000							

解答・解説 精算表の基本③（売上原価）

	試算表		修正記入		損益計算書		貸借対照表	
	借方	貸方	借方	貸方	借方	貸方	借方	貸方
繰越商品	44,000		64,000	44,000			64,000	
仕入	800,000		44,000	64,000	780,000			

1．本問の勘定科目

財務諸表	勘定科目	5要素	意味
貸借対照表	繰越商品	資産	決算整理前：期首商品棚卸高 決算整理後：期末商品棚卸高
損益計算書	仕入	費用	決算整理前：当期商品仕入高 決算整理後：売上原価

2．決算整理仕訳

(借) 仕　　　　入	44,000	(貸) 繰　越　商　品	44,000※1
(借) 繰　越　商　品	64,000	(貸) 仕　　　　入	64,000

※1　期首商品棚卸高：精算表の試算表欄の繰越商品の金額が、期首商品棚卸高を意味している。

POINT

- **精算表の試算表欄の繰越商品の金額が、期首商品棚卸高を意味している点に留意すること。**

14-4 精算表の基本④（経過勘定）　／□　／□　／□

次の決算整理事項に基づき、解答欄に示した精算表を作成しなさい。

1．受取家賃のうち、1,090円は翌期分の家賃である。

■解答欄

	試算表		修正記入		損益計算書		貸借対照表	
	借方	貸方	借方	貸方	借方	貸方	借方	貸方
（　　）家　賃								
受　取　家　賃		8,420						

解答・解説　精算表の基本④（経過勘定）

	試算表		修正記入		損益計算書		貸借対照表	
	借方	貸方	借方	貸方	借方	貸方	借方	貸方
前　受　家　賃				1,090				1,090
受　取　家　賃		8,420	1,090			7,330		

1．本問の勘定科目

財務諸表	勘定科目	5要素	意味
貸借対照表	前受家賃	負債	翌期分の家賃を当期に前受けした場合の、その期間建物を貸す義務
損益計算書	受取家賃	収益	建物を貸すことで得られる家賃による収益

2．決算整理仕訳

問題文および試算表欄より、期中に翌期分の家賃1,090円を前受けしていることが判明する。よって、翌期分の収益を減額し、前受家賃として負債に計上する。

(借) 受　取　家　賃	1,090	(貸) 前　受　家　賃	1,090

POINT

・問題文から、前受けしたのか、未収なのかを読み取ること。

14-5 精算表の推定 ／□ ／□ ／□

解答欄に示した精算表の４つの勘定科目について、空欄を埋め精算表を作成しなさい。

■ 解答欄

	試算表		修正記入		損益計算書		貸借対照表	
	借方	貸方	借方	貸方	借方	貸方	借方	貸方
現　　　金							11,300	
受取家賃		6,000						
雑　　　損					2,700			
未収家賃							1,000	

解答・解説 精算表の推定

	試算表		修正記入		損益計算書		貸借対照表	
	借方	貸方	借方	貸方	借方	貸方	借方	貸方
現　　　金	14,000			2,700			11,300	
受取家賃		6,000		1,000		7,000		
雑　　　損			2,700		2,700			
未収家賃			1,000				1,000	

1．本問の勘定科目

財務諸表	勘定科目	5要素	意味
貸借対照表	現　　金	資産	通貨および通貨代用証券
	未収家賃	資産	当期分の家賃が未収である場合の、代金を受け取る権利
損益計算書	受取家賃	収益	建物を貸すことで得られる家賃による収益
	雑　　損	費用	原因不明の現金不足額による費用

2．本問の解き方

本問は、精算表の一部が埋まっており、その金額から他の欄の金額を推定する問題である。精算表の推定問題は、決算整理の知識と精算表の構造の理解をもとに空欄を埋めていくことになる。

なお、決算で新たに生じた科目に着目すると、解きやすいことが多い。

3．各金額の推定

(1)　現金および雑損の推定

	試算表		修正記入		損益計算書		貸借対照表	
	借方	貸方	借方	貸方	借方	貸方	借方	貸方
現　　金	14,000 ←③			2,700			11,300	
雑　　損			2,700 (②→)	←①	2,700			

決算で新たに生じた科目

①「雑損」が損益計算書に計上されており、かつ、決算で新たに生じた科目であるため、「雑損」の修正記入欄は2,700と判明する。

②　勘定科目に「現金過不足」がないため、「雑損」は決算で生じた現金不足額ということが推定できる。よって、決算整理仕訳は下記のようになるため、「現金」の修正記入欄は貸方に2,700と判明する。

(借) 雑　　損	2,700	(貸) 現　　金	2,700

③　試算表欄の「現金」に、修正記入△2,700を加減した金額が貸借対照表欄の11,300である。よって、「現金」の試算表欄は14,000と判明する。

(2) 受取家賃および未収家賃の推定

	試算表		修正記入		損益計算書		貸借対照表	
	借方	貸方	借方	貸方	借方	貸方	借方	貸方
受取家賃		6,000		1,000		7,000		
未収家賃			1,000				1,000	

① 「未収家賃」は決算で新たに生じる科目であるため、「未収家賃」の修正記入欄は1,000と判明する。

② 決算整理仕訳は下記のようになるため、「受取家賃」の修正記入欄は貸方に1,000と判明する。

(借) 未 収 家 賃	1,000	(貸) 受 取 家 賃	1,000

③ 「受取家賃」の試算表欄と修正記入欄が埋まったため、損益計算書欄は7,000と判明する。

POINT

- 精算表の推定問題は、決算整理の知識と精算表の構造の理解をもとに空欄を埋めていく。
- 決算で新たに生じた科目に着目すると、解きやすいことが多い。

14-6 精算表の総合問題　／□　／□　／□

目標15分

次の決算整理事項に基づき、解答欄に示した精算表を作成しなさい。

1．建物の減価償却は定額法、耐用年数20年、残存価額ゼロ、間接法により行っている。
2．期末売掛金残高の２％を貸倒見積高として、差額補充法により貸倒引当金を設定する。
3．期末商品棚卸高は25,000円である。なお、売上原価は仕入の行で計算すること。
4．現金の期末実際有高は43,000円であった。なお、帳簿残高との差異は原因不明である。

■解答欄

	試算表		修正記入		損益計算書		貸借対照表	
	借方	貸方	借方	貸方	借方	貸方	借方	貸方
現金	41,300							
売掛金	80,000							
繰越商品	21,900							
建物	240,000							
土地	170,100							
買掛金		67,000						
貸倒引当金		200						
減価償却累計額		72,000						
資本金		100,000						
繰越利益剰余金		157,100						
売上		522,000						
仕入	365,000							
	918,300	918,300						
減価償却費								
貸倒引当金繰入								
雑（　　）								
当期純利益								

解答・解説　精算表の総合問題

	試算表		修正記入		損益計算書		貸借対照表	
	借方	貸方	借方	貸方	借方	貸方	借方	貸方
現　　　金	41,300		1,700				43,000	
売　掛　金	80,000						80,000	
繰越商品	21,900		25,000	21,900			25,000	
建　　　物	240,000						240,000	
土　　　地	170,100						170,100	
買　掛　金		67,000						67,000
貸倒引当金		200		1,400				1,600
減価償却累計額		72,000		12,000				84,000
資　本　金		100,000						100,000
繰越利益剰余金		157,100						157,100
売　　　上		522,000				522,000		
仕　　　入	365,000		21,900	25,000	361,900			
	918,300	918,300						
減価償却費			12,000		12,000			
貸倒引当金繰入			1,400		1,400			
雑　　　益				1,700		1,700		
当期純利益					148,400			148,400
			62,000	62,000	523,700	523,700	558,100	558,100

1．本問の勘定科目

財務諸表	勘定科目	５要素	意味
貸借対照表	現　　金	資　産	通貨および通貨代用証券
	売 掛 金	資　産	商品を掛け売上したことによって生じた、代金を回収する権利
	繰越商品	資　産	決算整理前：期首商品棚卸高 決算整理後：期末商品棚卸高
	建　　物	資　産	店舗、本社ビル、倉庫など
	土　　地	資　産	建物のための敷地
	貸倒引当金	資産控除	売上債権の貸倒見積高を意味する評価勘定
	減価償却累計額	資産控除	減価償却による固定資産の減少額を意味する評価勘定
	買 掛 金	負　債	商品を掛け仕入したことによって生じた、代金の支払義務
	資 本 金	資　本	資本の増加額のうち、株主から出資を受けた金額（元手）
	繰越利益剰余金	資　本	資本の増加額のうち、会社が稼いだ金額（利益）
損益計算書	売　　上	収　益	商品の売上によって生じた収益
	雑　　益	収　益	原因不明の現金超過額による収益
	仕　　入	費　用	決算整理前：当期商品仕入高 決算整理後：売上原価
	減価償却費	費　用	固定資産の当期の価値減少額を表す費用
	貸倒引当金繰入	費　用	翌期に見込まれる貸倒損失を当期に費用計上した額

2．決算整理仕訳

(1)　減価償却費の計上

(借) 減価償却費	12,000※1	(貸) 減価償却累計額	12,000

※１　減価償却費：建物240,000÷耐用年数20年＝12,000

(2)　貸倒引当金の設定

(借) 貸倒引当金繰入	1,400※1	(貸) 貸倒引当金	1,400

※１　貸倒引当金繰入：売掛金80,000×実績率２％－前T/B貸倒引当金200＝1,400

(3) 売上原価の算定

(借)	仕　　入	21,900	(貸)	繰 越 商 品	21,900※1
(借)	繰 越 商 品	25,000	(貸)	仕　　入	25,000

※1　期首商品棚卸高：精算表の試算表欄の繰越商品の金額が、期首商品棚卸高を意味している。

(4) 雑益の計上

(借)	現　　金	1,700※1	(貸)	雑　　益	1,700

※1　雑益：実際有高43,000－前T/B現金41,300＝1,700

3．当期純利益

損益計算書の当期純利益は貸借差額により算定する。また、当期純利益は貸借対照表の資本を増加させるため、当期純利益の金額を貸借対照表欄の貸方に記入する。

当期純利益：収益合計523,700－費用合計375,300＝148,400

POINT

- 精算表の問題であっても、通常の決算の問題と同様に決算整理仕訳を書いて解くこと。
- 精算表の問題は、解答欄も資料の１つである点に留意すること。

14-7 月次決算 ／□ ／□ ／□

決算日（X2年３月31日）となったため、決算整理手続きを行う。そこで、次の資料に基づいて、決算整理仕訳を示し、決算整理後残高試算表を作成しなさい。

1．決算整理前残高試算表

借方残高	勘定科目	貸方残高
72,000	建物	
	減価償却累計額	49,800
6,600	減価償却費	

2．建物の減価償却は、耐用年数10年、残存価額ゼロ、定額法、間接法により行う。なお、決算整理前残高試算表に計上されている減価償却費は月次決算により計上されたものである。

■解答欄

日付	借方科目	金額	貸方科目	金額

決算整理後残高試算表

借方残高	勘定科目	貸方残高
	建物	
	減価償却累計額	
	減価償却費	

解答・解説 月次決算

日付	借方科目	金額	貸方科目	金額
3/31	減価償却費	600	減価償却累計額	600

決算整理後残高試算表

借方残高	勘定科目	貸方残高
72,000	建物	
	減価償却累計額	50,400
7,200	減価償却費	

1．本問の勘定科目

財務諸表	勘定科目	５要素	意味
貸借対照表	建　　物	資　産	店舗、本社ビル、倉庫など
	減価償却累計額	資産控除	減価償却による固定資産の減少額を意味する評価勘定
損益計算書	減価償却費	費　用	固定資産の当期の価値減少額を表す費用

2．決算整理仕訳の金額

減価償却費：減価償却費の年間確定額7,200※1－前T/B減価償却費6,600（月次の減価償却費合計）＝600

※１　減価償却費の年間確定額：前T/B建物72,000÷10年＝7,200

3．決算整理後残高試算表計上額

減価償却累計額：前T/B49,800＋決算整理600＝50,400

減価償却費：前T/B6,600＋決算整理仕訳600＝7,200

または、減価償却費の年間確定額7,200

POINT

- 月次決算を行っている場合、年度末の決算整理仕訳で計上する減価償却費の金額は、年間の減価償却費の確定額と月次決算で計上した額との差額になる。
- 月次決算を行っていたとしても、減価償却費の損益計算書計上額は、年間確定額となる。

第15章

株式会社会計・税金

問題	ページ	出題論点
15-1	200	増資
15-2	201	利益剰余金の配当および処分
15-3	203	法人税等
15-4	205	消費税

15-1 増資

／□　／□　／□

次の取引について、仕訳を示しなさい。

(1)　取締役会の決議により増資を行い、10,000,000円の払い込みを受け、当座預金に入金された。

■ 解答欄

番号	借方科目	金額	貸方科目	金額

解答・解説 増資

番号	借方科目	金額	貸方科目	金額
(1)	当　座　預　金	10,000,000	資　　本　　金	10,000,000

1．本問の勘定科目

財務諸表	勘定科目	5要素	意味
貸借対照表	当 座 預 金	資産	当座預金口座にあるお金
	資　本　金	資本	資本の増加額のうち、株主から出資を受けた金額（元手）

2．取引の解説

増資額により元手が増加するため、「資本金」勘定を計上する。

POINT

・増資をした場合、会社設立時と同じく、「資本金」勘定の増加とする。

15-2 利益剰余金の配当および処分 ／□ ／□ ／□

次の一連の取引について、仕訳を示し、繰越利益剰余金勘定の記入を行いなさい。なお、繰越利益剰余金勘定の記入に際して「諸口」は用いないこと。また、当期はX2年４月１日からX3年３月31日である。

(1) X2年６月20日に開催された定時株主総会において、繰越利益剰余金500,000円について、次のとおり利益剰余金の配当と処分が承認された。
配当金 100,000円　　利益準備金 10,000円　　繰越額 390,000円

(2) X2年７月10日に上記の配当金を当座預金から支払った。

■解答欄

日付	借方科目	金額	貸方科目	金額

繰越利益剰余金

解答・解説 利益剰余金の配当および処分

日付	借方科目	金額	貸方科目	金額
6/20	繰越利益剰余金	110,000	未払配当金	100,000
			利益準備金	10,000
7/10	未払配当金	100,000	当座預金	100,000

繰越利益剰余金

日付	摘要	金額	日付	摘要	金額
6/20	未払配当金	100,000	4/1	前期繰越	500,000
〃	利益準備金	10,000			

1．本問の勘定科目

財務諸表	勘定科目	5要素	意味
貸借対照表	当座預金	資産	当座預金口座にあるお金
	未払配当金	負債	配当を決議したことにより生じた、配当金の支払義務
	利益準備金	資本	会社が計上した利益のうち、分配不能の金額のこと
	繰越利益剰余金	資本	会社が計上した利益のうち、処分未定額のこと

2．各取引の解説

(1) 配当および処分が決定した金額について「繰越利益剰余金」勘定を減少させる。その相手勘定は、配当額は「未払配当金」勘定を計上し、利益準備金は「利益準備金」勘定を計上する。

(2) 配当金を支払ったら、「未払配当金」勘定を減少させる。

3．繰越利益剰余金の勘定記入について

「繰越利益剰余金」勘定の残高は、繰越額の390,000（＝前期繰越500,000－配当・処分110,000）となり、当該金額が決算整理前残高となる。

POINT

- 利益剰余金の配当を行った場合、「繰越利益剰余金」勘定を減少させ「未払配当金」勘定を計上する。
- 利益準備金の積立を行った場合、「繰越利益剰余金」勘定から「利益準備金」勘定へ振り替える。
- 「繰越利益剰余金」勘定の貸借対照表計上額は、当期の処分未定額に当期純利益を加算した金額となる。

15-3 法人税等 ／□ ／□ ／□

決算日（X2年３月31日）となったため、決算整理手続きを行う。そこで、次の資料に基づいて、決算整理仕訳を示し、決算整理後残高試算表を作成しなさい。

1. 決算整理前残高試算表

借方残高	勘定科目	貸方残高
400,000	（　）法人税等	

2. 決算整理前残高試算表に計上されている（　　）法人税等勘定は、期中に法人税等の中間納付を行ったことにより計上したものである。当期の決算にあたり、法人税等の税額が820,000円と確定した。

■ 解答欄

日付	借方科目	金額	貸方科目	金額

決算整理後残高試算表

借方残高	勘定科目	貸方残高
	（　　）法人税等	
	法　人　税　等	

解答・解説 法人税等

日付	借方科目	金額	貸方科目	金額
3/31	法　人　税　等	820,000	仮払法人税等	400,000
			未払法人税等	420,000

決算整理後残高試算表

借方残高	勘定科目	貸方残高
	未払法人税等	420,000
820,000	法　人　税　等	

1．本問の勘定科目

財務諸表	勘定科目	5要素	意味
貸借対照表	仮払法人税等	資産	中間申告による法人税等の納付額
	未払法人税等	負債	当期の法人税等の税額のうち、当期末現在未納付分に係る納付義務
損益計算書	法 人 税 等	費用	法人税等により生じる費用

2．中間申告時

期中の中間申告時においては、法人税等の額が確定していないため「仮払法人税等」勘定を計上する。よって、決算整理前残高試算表に計上されているのは、「仮払法人税等」勘定である。

3．法人税等の決算整理

法人税等の額が確定したら、確定額を「法人税等」勘定の発生とする。また、「仮払法人税等」勘定を減少させ、残額を法人税の納付義務として「未払法人税等」勘定を計上する。

4．決算整理仕訳の金額

法人税等：法人税等確定額820,000

仮払法人税等：前T/B400,000（中間納付額）

未払法人税等：法人税等820,000－仮払法人税等400,000＝420,000

5．財務諸表計上額

未払法人税等：決算整理420,000

法人税等：決算整理820,000

POINT

- 法人税等の中間申告時は「仮払法人税等」勘定を計上し、確定申告時は「未払法人税等」勘定の減少となる。よって、法人税等の納付時に費用計上はしない。
- 損益計算書には当期の法人税等の全額が「法人税、住民税及び事業税」勘定（または、「法人税等」勘定）として計上される。対して、貸借対照表の「未払法人税等」勘定は当期の法人税等から中間申告分を除いた金額となる。

15-4 消費税

/ □ / □ / □

次の一連の取引について、期中仕訳を示し、決算整理前残高試算表を作成しなさい。また、決算整理仕訳および決算整理後残高試算表を作成しなさい。なお、消費税は税抜方式によることとし、問題の便宜上、試算表に計上する勘定科目は、消費税に関連するもののみとする。

(1) 商品250,000円（税抜価格）を仕入れ、消費税25,000円とともに代金は掛けとした。
(2) 商品を1,000,000円（税抜価格）で販売し、消費税100,000円とともに代金は掛けとした。
(3) 決算に際し、消費税の納付額が75,000円と確定した。

■解答欄

〈期中仕訳〉

番号	借方科目	金額	貸方科目	金額

決算整理前残高試算表

借方残高	勘定科目	貸方残高
	仮払消費税	
	仮受消費税	

〈決算整理仕訳〉

番号	借方科目	金額	貸方科目	金額

決算整理後残高試算表

借方残高	勘定科目	貸方残高
	（　　）消費税	

解答・解説　消費税

〈期中仕訳〉

番号	借方科目	金額	貸方科目	金額
(1)	仕　入	250,000	買掛金	275,000
	仮払消費税	25,000		
(2)	売掛金	1,100,000	売　上	1,000,000
			仮受消費税	100,000

決算整理前残高試算表

借方残高	勘定科目	貸方残高
25,000	仮払消費税	
	仮受消費税	100,000

〈決算整理仕訳〉

番号	借方科目	金額	貸方科目	金額
(3)	仮受消費税	100,000	仮払消費税	25,000
			未払消費税	75,000

決算整理後残高試算表

借方残高	勘定科目	貸方残高
	未払消費税	75,000

1．本問の勘定科目

財務諸表	勘定科目	5要素	意味
貸借対照表	売掛金	資産	商品を掛け売上したことによって生じた、代金を回収する権利（税込金額で計上する）
	仮払消費税	資産	期中に支払った消費税を計上しておく勘定科目
	買掛金	負債	商品を掛け仕入したことによって生じた、代金の支払義務（税込金額で計上する）
	仮受消費税	負債	期中に受け取った消費税を計上しておく勘定科目
	未払消費税	負債	消費税の納付義務であり、仮払消費税と仮受消費税を相殺した金額

財務諸表	勘定科目	5要素	意味
損益計算書	売　　上	収益	商品の売上によって生じた収益（税抜金額で計上する）
	仕　　入	費用	商品の仕入によって生じた費用（税抜金額で計上する）

2．各取引の解説

(1)　支払った消費税額は会社の費用とならないため、「仕入」勘定は税抜価格で計上し、消費税額は「仮払消費税」勘定の増加とする。

(2)　受け取った消費税額は会社の収益とならないため、「売上」勘定は税抜価格で計上し、消費税額は「仮受消費税」勘定の増加とする。

3．消費税の決算整理

「仮受消費税」勘定と「仮払消費税」勘定を相殺し、差額を「未払消費税」勘定として計上する。

未払消費税：仮受消費税100,000－仮払消費税25,000＝75,000

POINT

- 売上や仕入といった損益項目は税抜価格で計上する。なお、代金決済は税込価格で行うため、売掛金や買掛金などは税込価格で計上する点に留意すること。
- 消費税額は「仮払消費税」勘定および「仮受消費税」勘定で処理し、決算に際し相殺する。相殺した差額は「未払消費税」勘定として貸借対照表に計上する。
- 「仮払消費税」勘定と「仮受消費税」勘定は貸借対照表に計上されない。

第16章
証ひょう

16-1 証ひょう

/ □ / □ / □

当社（CPA社）の次の証ひょうに基づき、仕訳を示しなさい。

(1) 当社は、A社から商品を仕入れ、次の納品書兼請求書を受け取った。なお、消費税は税抜方式によること。

納品書兼請求書

CPA社 御中

A社

品名	数量	単価	金額
紅茶（インド産）	100	2,000	¥200,000
紅茶（スリランカ産）	300	1,800	¥540,000
	小　計		¥740,000
	手付金		¥100,000
	消費税		¥ 74,000
	合　計		¥714,000

上記の合計額を×月×日までに下記口座にお振込下さい。

Y銀行Z支店　当座　×××　A社

(2) 出張から戻ってきた従業員から、下記の領収書を受け取り、精算を行った。出張前に旅費交通費の概算額として10,000円を渡していたため、不足分を現金で支払った。

領収書

X年X月X日　　CPA　社　　様

金額　¥11,000

購入商品　XYZ鉄道乗車券

XYZ鉄道株式会社

■■駅 発行

■ 解答欄

番号	借方科目	金額	貸方科目	金額

解答・解説 証ひょう

番号	借方科目	金額	貸方科目	金額
(1)	仕入	740,000	前払金	100,000
	仮払消費税	74,000	買掛金	714,000
(2)	旅費交通費	11,000	仮払金	10,000
			現金	1,000

1．本問の勘定科目

財務諸表	勘定科目	5要素	意味
貸借対照表	現金	資産	通貨および通貨代用証券
	前払金	資産	手付金を支払ったことによって生じた、商品を受け取る権利
	仮払金	資産	支払いを行ったが、その内容や金額が未確定な場合の支出額
	仮払消費税	資産	期中に支払った消費税を計上しておく勘定科目
	買掛金	負債	商品を掛け仕入したことによって生じた、代金の支払義務
損益計算書	仕入	費用	商品の仕入によって生じた費用
	旅費交通費	費用	出張費や日々の交通費を支払った場合の費用

2．証ひょうの読み取り

(1) この取引は、「商品740,000円を仕入れた。なお、当該金額から手付金100,000円を控除し、消費税74,000を加算した金額は掛けとした。」という取引である。

(2) この取引は、「出張から戻ってきた従業員から、旅費交通費11,000円の支払の報告を受けた。なお、出張前に旅費交通費の概算額として10,000円を渡していたため、不足分1,000円を現金で支払った。」という取引である。

POINT

・**問題で与えられた証ひょうをしっかり読み、どのような取引なのかを考えることが重要。**

試験対策編

第 1 問対策

攻略アドバイス

出題内容：仕訳問題（配点45点）

　第１問では、仕訳問題が15題出題されます。配点は仕訳１つにつき３点で、部分点はありません。幅広く出題されますので、網羅的な対策が必要です。ただし、基本編レベルの問題も多く出題されますので、高得点を狙うようにしましょう。仮に12問以上を正解できれば、仕訳問題だけで合格点70点の半分を超えるため、合格に大きく近づくことができます。なお、この応用編では、比較的難易度の高い仕訳問題を収録しています。

1-1 商品売買 ／□ ／□ ／□

下記の各取引について仕訳しなさい。ただし、勘定科目は、各取引の下の勘定科目から最も適当と思われるものを選び、記号で解答すること。また、指示がある場合を除き、消費税は考慮しないこととする。

1．かねて得意先に注文していた商品￥100,000を本日受け取った。なお、注文時に商品代金の10％に当たる金額を手付金として支払っており、残額は掛けとした。

ア．前受金　イ．前払金　ウ．買掛金
エ．売上　オ．売掛金　カ．仕入

2．栃木商事に商品（販売価格￥559,000）を引き渡し、同社振り出しの小切手￥300,000を受け取った。また、注文時に現金で受け取っていた手付金￥100,000を差し引いた残額は掛けとした。

ア．現金　イ．前払金　ウ．売掛金
エ．当座預金　オ．前受金　カ．売上

3．得意先に掛け販売したA商品100個の中に、B商品が5個混じっていたため、これが返品された。なお、当社におけるA商品の仕入単価は@￥2,000、販売単価は@￥4,000である。

ア．売掛金　イ．貸倒損失　ウ．買掛金
エ．売上　オ．仕入　カ．繰越商品

4．神奈川商事より商品￥500,000を仕入れた。同社に対して、売掛金￥180,000を有していたため、当該売掛金を相殺処理したうえで、残額は小切手を振り出して支払った。

ア．買掛金　イ．普通預金　ウ．当座預金
エ．売掛金　オ．現金　カ．仕入

5．三重商事より商品￥300,000を仕入れ、運送料￥1,000は運送会社に現金で支払った。なお、仕入代金のうち￥50,000は手付金としてすでに支払っており、残額は今月末までに支払う予定となっている。

ア．現金　イ．前払金　ウ．発送費
エ．買掛金　オ．仕入　カ．支払手形

6. 商品を¥100,000で掛け販売し、発送費¥1,800を合計した¥101,800を先方へ請求した。なお、発送費は後日運送会社に支払う予定である。

ア. 現　　金　イ. 未 払 金　ウ. 売 掛 金
エ. 売　　上　オ. 買 掛 金　カ. 発 送 費

7. 顧客に商品¥200,000を販売し、代金のうち¥50,000は共通商品券を受け取り、残額は現金で受け取った。

ア. 現　　金　イ. 電子記録債権　ウ. 受取手形
エ. 当座預金　オ. 受取商品券　カ. 売　　上

8. 商品¥800,000を販売した。高額商品であるため、銀行振込により手付金として¥300,000を前もって受け取っており、残額はクレジット払いの条件で販売した。なお、信販会社への手数料はクレジット販売代金の３％であり、販売時に計上する。

ア. 支払利息　イ. クレジット売掛金　ウ. 前 受 金
エ. 売　　上　オ. 支払手数料　カ. 普通預金

9. 仕入先より商品¥490,000を仕入れ、代金¥200,000は約束手形を振り出し、残額は掛けとした。なお、仕入に際して、商品の発送費¥500を現金で支払っている。

ア. 現　　金　イ. 発 送 費　ウ. 支払手形
エ. 買 掛 金　オ. 仕　　入　カ. 受取手形

10. かねて富山商事へ商品¥300,000を販売し代金を掛けとしていたが、本日、¥50,000について同社振り出しの小切手を受け取ったうえで、残額について支払期日延長の申し出を受けた。当社はこれを承諾し、同社振り出し当社宛ての約束手形¥250,000を受け取った。

ア. 支払手形　イ. 当座預金　ウ. 受取手形
エ. 売 掛 金　オ. 現　　金　カ. 売　　上

11. 先日、仕入先高知商事より商品¥50,000の掛け仕入れを行った。本日、同社の承諾を得たうえで、当社は取引銀行を通じて電子記録債務の発生記録を行った。

ア. 買 掛 金　イ. 電子記録債権　ウ. 売 掛 金
エ. 電子記録債務　オ. 売　　上　カ. 仕　　入

12. 得意先福岡商事が倒産し、同社に対する受取手形¥300,000、売掛金¥400,000を貸倒処理することとした。なお、どちらも当期に商品を販売したことにより生じた債権である。

ア. 貸倒損失　　イ. 売掛金　　ウ. 貸倒引当金
エ. 売上　　オ. 受取手形　　カ. 貸倒引当金繰入

13. 前期に貸倒処理した得意先に対する売掛金¥5,000,000のうち、¥200,000を当期に現金で回収した。

ア. 貸倒引当金　　イ. 貸倒損失　　ウ. 現金
エ. 償却債権取立益　　オ. 売掛金　　カ. 貸倒引当金戻入

14. 電化製品のリサイクルショップを営む当社は、中古のコピー機を2台購入した。購入金額はコピー機Aが¥500,000、コピー機Bが¥600,000であり、購入時に現金で支払っている。なお、コピー機Aは店頭販売（販売予定価格¥780,000）するが、コピー機Bは本社で使用する。

ア. 仕入　　イ. 繰越商品　　ウ. 貯蔵品
エ. 備品　　オ. 現金　　カ. 雑損

■解答欄

番号	借方科目	金額	貸方科目	金額
1				
2				
3				
4				
5				
6				
7				
8				

番号	借方科目	金額	貸方科目	金額
9				
10				
11				
12				
13				
14				

解答・解説 商品売買

※模範解答では、仕訳がわかりやすいように勘定科目も記入しています。

番号	借方科目	金額	貸方科目	金額
1	カ（仕　　　入）	100,000	イ（前　払　金）	10,000
			ウ（買　掛　金）	90,000
2	ア（現　　　金）	300,000	カ（売　　　上）	559,000
	オ（前　受　金）	100,000		
	ウ（売　掛　金）	159,000		
3	エ（売　　　上）	20,000	ア（売　掛　金）	20,000
4	カ（仕　　　入）	500,000	エ（売　掛　金）	180,000
			ウ（当 座 預 金）	320,000
5	オ（仕　　　入）	301,000	ア（現　　　金）	1,000
			イ（前　払　金）	50,000
			エ（買　掛　金）	250,000
6	ウ（売　掛　金）	101,800	エ（売　　　上）	101,800
	カ（発　送　費）	1,800	イ（未　払　金）	1,800
7	オ（受取商品券）	50,000	カ（売　　　上）	200,000
	ア（現　　　金）	150,000		
8	ウ（前　受　金）	300,000	エ（売　　　上）	800,000
	イ（クレジット売掛金）	485,000		
	オ（支払手数料）	15,000		
9	オ（仕　　　入）	490,500	ウ（支 払 手 形）	200,000
			エ（買　掛　金）	290,000
			ア（現　　　金）	500
10	オ（現　　　金）	50,000	エ（売　掛　金）	300,000
	ウ（受 取 手 形）	250,000		
11	ア（買　掛　金）	50,000	エ（電子記録債務）	50,000
12	ア（貸 倒 損 失）	700,000	オ（受 取 手 形）	300,000
			イ（売　掛　金）	400,000
13	ウ（現　　　金）	200,000	エ（償却債権取立益）	200,000
14	ア（仕　　　入）	500,000	オ（現　　　金）	1,100,000
	エ（備　　　品）	600,000		

1．手付金、掛け取引

手付金を支払った際に「前払金」勘定（資産）の増加としています。

〈手付金の支払時〉

(借) 前払金	10,000	(貸) 現金など	10,000

よって、商品の受取時には「前払金」勘定の減少とします。

仕訳の金額 前払金：仕入価格100,000×10％＝10,000

2．手付金、掛け取引、小切手

複雑な取引なので、順番に考えるようにしましょう。

> 栃木商事に①商品（販売価格￥559,000）を引き渡し、小切手￥300,000を受け取った。また、注文時に現金で受け取っていた②手付金￥100,000を差し引いた残額は掛けとした。

まず、①の部分から下記の仕訳がわかります。

(借) 現金	300,000※1	(貸) 売上	559,000
？	259,000		

※1　他人振出の小切手は、「現金」勘定（資産）の増加とする点に留意すること。

そのうえで、②の部分から借方の２行目と３行目がわかります。

(借) 現金	300,000	(貸) 売上	559,000
前受金	100,000※1		
売掛金	159,000※2		

※1　手付金を受け取った際に、商品を引き渡す義務として「前受金」勘定（負債）の増加としている。よって、商品を引き渡した際は「前受金」勘定の減少とする。

※2　掛けとした159,000は、掛け代金を受け取る権利として「売掛金」勘定（資産）の増加とする。

3．返品

売上戻りがあった場合は、売上を取り消すために販売時の逆仕訳を行います。そのため、仕入単価ではなく、販売単価を用いて仕訳を行います。

仕訳の金額 売　上：販売単価4,000×返品個数５個＝20,000

4．掛け取引

本問では、神奈川商事に対して売掛金180,000があるため、残額の320,000のみを支払っています。

5．商品売買に伴う諸経費（当社負担）、手付金

複雑な取引なので、順番に考えるようにしましょう。

> 三重商事より①商品￥300,000を仕入れ、運送料￥1,000は運送会社に現金で支払った。なお、②仕入代金のうち￥50,000は手付金としてすでに支払っており、残額は今月末までに支払う予定となっている。

まず、①の部分から、下記の仕訳がわかります。

(借)			(貸)		
	仕　入	301,000※1		現　金	1,000
				？	300,000

※1　仕入諸掛りは「仕入」勘定（費用）に含める点に留意すること。
仕入：購入代価300,000＋仕入諸掛1,000＝301,000

そのうえで、②の部分から貸方の２行目と３行目がわかります。

(借)			(貸)		
	仕　入	301,000		現　金	1,000
				前 払 金	50,000※1
				買 掛 金	250,000※2

※1　手付金を支払った際に、商品を受け取る権利として「前払金」勘定（資産）の増加としている。よって、商品の受取時に「前払金」勘定の減少とする。

※2　買掛金：購入代価300,000－手付金50,000＝250,000

6．商品売買に伴う諸経費

発送費の未払額は、商品の仕入債務ではないので「買掛金」勘定（負債）は用いず、「未払金」勘定（負債）とします。

7．商品券

受け取った商品券は発行会社に持ち込み精算（現金化）するため、商品券を受け取ったら代金を受け取る権利として「受取商品券」勘定（資産）とします。

仕訳の金額　現　金：売上代金200,000－受取商品券50,000＝150,000

8．クレジット売掛金、手付金

クレジットの販売代金を受け取る権利は「クレジット売掛金」勘定（資産）で処理します。また、問題文に 手数料は販売時に計上する とあるため、販売時に「支払手数料」勘定（費用）を計上します。なお、手数料の金額は、クレジット払いの500,000をもとに算定します。

仕訳の金額 クレジット売掛金：クレジット払い500,000－支払手数料15,000
＝485,000
支払手数料：クレジット払い500,000×３％＝15,000

補足

支払手数料の認識時点

問題文の末尾が、「なお、信販会社への手数料はクレジット販売代金の３％であり、代金回収時に計上する」であった場合、「支払手数料」勘定は回収時に計上します。

〈販売時〉

（借）	前受金	300,000	（貸）	売上	800,000
	クレジット売掛金	500,000			

〈代金回収時〉

（借）	現金など	485,000	（貸）	クレジット売掛金	500,000
	支払手数料	15,000			

9．商品売買に伴う諸経費（当社負担）、約束手形、手付金

約束手形を振り出したことによる債務は、「支払手形」勘定（負債）で処理します。また、仕入諸掛りは、「仕入」勘定（費用）に含めて処理します（特に指示がないため、当社負担と判断する）。

仕訳の金額 仕　入：仕入代金490,000＋仕入諸掛500＝490,500
買掛金：仕入代金490,000－支払手形200,000＝290,000

10. 約束手形、小切手

約束手形による債権は、「受取手形」勘定（資産）で処理します。本問では、250,000について、通常の掛け取引から手形取引へ変更となっているため、「売掛金」勘定（資産）から「受取手形」勘定へ振り替えます。

なお、解答の仕訳は、下記の２つの仕訳に分けて考えることもできます。

〈売掛金の回収〉

(借) 現　　　金	50,000	(貸) 売　掛　金	50,000

〈受取手形への振り替え〉

(借) 受 取 手 形	250,000	(貸) 売　掛　金	250,000

11. 電子記録による債権・債務

電子記録による債務は、「電子記録債務」勘定（負債）で処理します。よって、「買掛金」勘定（負債）から「電子記録債務」勘定へ振り替えることになります。

12. 貸倒れ

当期発生債権が貸倒れた場合、貸倒れた債権を減少させたうえで、「貸倒損失」勘定（費用）を計上します。

仕訳の金額 貸倒損失：受取手形300,000＋売掛金400,000＝700,000

補足

前期発生債権の貸倒れ

貸倒れた債権が、前期に発生していた債権で貸倒引当金の残高がある場合、貸倒損失を計上せず、「貸倒引当金」勘定（資産の控除項目）を補填することになります。

13. 貸倒処理した債権を回収した場合

前期以前に貸倒処理した債権を当期に回収した場合、「償却債権取立益」勘定（収益）を計上します。なお、「売掛金」勘定（資産）は貸倒時（本問では、前期）に減少させているため、その回収時に「売掛金」勘定を仕訳する必要はありません。

14. 商品とは

商品とは販売目的で仕入れた物品をいいます。そのため、コピー機Ａは商品の仕入に該当しますが、コピー機Ｂは備品の取得になります。

1-2 現金預金

/ □ / □ / □

下記の各取引について仕訳しなさい。ただし、勘定科目は、各取引の下の勘定科目から最も適当と思われるものを選び、記号で解答すること。また、指示がある場合を除き、消費税は考慮しないこととする。

1．商品を¥79,000販売し、送金小切手¥30,000を受け取り、残額は掛けとした。

ア．売　　　上　　イ．普通預金　　ウ．当座預金
エ．受取手形　　オ．売　掛　金　　カ．現　　　金

2．現金の実際有高を調べたところ、金庫に下記のものが入っていた。なお、現金の帳簿残高は¥63,400であり、実査額との差額は現金過不足勘定に計上する。
紙幣¥40,000　硬貨¥350　他社振出の小切手¥20,000　切手¥100
郵便為替証書¥1,000

ア．現　　　金　　イ．通　信　費　　ウ．雑　　　益
エ．当座預金　　オ．雑　　　損　　カ．現金過不足

3．現金過不足の勘定残高¥400（借方残高）の原因を調査したところ、次の計上もれが判明した。
支払った手数料¥430　　受け取った利息¥30

ア．現　　　金　　イ．現金過不足　　ウ．雑　　　益
エ．支払手数料　　オ．雑　　　損　　カ．受取利息

4．当社（埼玉商事）は、滋賀商事へ商品¥200,000を販売し、¥150,000の小切手（振出人：滋賀商事）と¥50,000の小切手（振出人：埼玉商事）を受け取った。

ア．売　　　上　　イ．売　掛　金　　ウ．当座預金
エ．受取手形　　オ．普通預金　　カ．現　　　金

5．得意先より商品¥1,000,000の注文を受け、手付金として送金小切手¥200,000を受け取った。なお、受け取った送金小切手はただちに当座預金口座に入金した。

ア．現　　　金　　イ．普通預金　　ウ．前　受　金
エ．売　掛　金　　オ．当座預金　　カ．売　　　上

6．当社はA銀行とB銀行のそれぞれに普通預金口座を開設しており、管理のために銀行名と口座種類を組み合わせた勘定科目を用いている。本日、B銀行の普通預金口座からA銀行の普通預金口座へ￥1,000,000振り替えた。なお、この際にB銀行において手数料が￥500生じている。

ア．受取手数料　イ．支払手数料　ウ．A銀行普通預金
エ．B銀行普通預金　オ．現金　カ．普通預金

7．仕入先に対する買掛金￥550,000支払のために、小切手を振り出した。なお、振出時における当社の当座預金口座の残高は￥280,000であるが、当座借越契約（借越限度額￥400,000）を締結している。

ア．売掛金　イ．普通預金　ウ．買掛金
エ．現金　オ．支払手形　カ．当座預金

8．当社は定額資金前渡制度による小口現金制度を採用しており、毎週末に小口現金係から1週間分の支払の報告を受けたうえで、翌営業日に支払額と同額の小切手を振り出し、小口現金を補給している。本日、小口現金係から次のとおり、今週の支払額￥42,300の報告を受けた。

タクシー利用料￥29,000　文房具代￥5,100　電車賃￥4,200　切手代￥2,700
お茶代￥1,300

ア．現金　イ．雑費　ウ．旅費交通費
エ．消耗品費　オ．通信費　カ．小口現金

■ 解答欄

番号	借方科目	金額	貸方科目	金額
1				
2				
3				
4				
5				
6				
7				
8				

解答・解説　現金預金

※模範解答では、仕訳がわかりやすいように勘定科目も記入しています。

番号	借方科目	金額	貸方科目	金額
1	カ（現　　金）	30,000	ア（売　　上）	79,000
	オ（売　掛　金）	49,000		
2	カ（現金過不足）	2,050	ア（現　　金）	2,050
3	エ（支払手数料）	430	カ（受取利息）	30
			イ（現金過不足）	400
4	カ（現　　金）	150,000	ア（売　　上）	200,000
	ウ（当座預金）	50,000		
5	オ（当座預金）	200,000	ウ（前　受　金）	200,000
6	ウ（A銀行普通預金）	1,000,000	エ（B銀行普通預金）	1,000,500
	イ（支払手数料）	500		
7	ウ（買　掛　金）	550,000	カ（当座預金）	550,000
8	ウ（旅費交通費）	33,200	カ（小口現金）	42,300
	エ（消耗品費）	5,100		
	オ（通　信　費）	2,700		
	イ（雑　　費）	1,300		

1．現金とは

送金小切手は通貨代用証券であるため、受け取った場合は「現金」勘定（資産）の増加とする。

仕訳の金額　売掛金：販売金額79,000－送金小切手30,000＝49,000

補足

通貨代用証券

通貨代用証券とは、金融機関に持っていくとその場ですぐに換金してもらえる証券のことです。具体的には次の３つが該当します。

他人振出の小切手　　送金小切手　　郵便為替証書

2．現金とは、現金過不足

現金の実際有高を自分で算定する問題です。簿記で現金として扱うのは、通貨と通貨代用証券です。この点、切手以外は通貨または通貨代用証券に該当するため、現金実際有高は61,350（＝紙幣40,000＋硬貨350＋小切手20,000＋郵便為替証書

1,000）になります。

この結果、現金帳簿残高よりも実際有高の方が少ないため、「現金」勘定（資産）を減少させ、その相手勘定として借方に「現金過不足」勘定（仮勘定）を計上します。

仕訳の金額 現金過不足：現金実際有高61,350－現金帳簿残高63,400
＝△2,050（不足額）

補足

切手

切手はその購入時に「通信費」勘定（費用）で処理します。そのうえで、決算日に未使用の切手がある場合は、「貯蔵品」勘定（資産）へ振り替えます。

3．現金過不足

現金過不足の発生時に次の仕訳をしています。

〈現金過不足の発生時〉

（借）現金過不足	400	（貸）現　　　金	400

原因が判明したら、正しい勘定科目を計上したうえで、「現金過不足」勘定（仮勘定）は減少させます。今回は、「現金過不足」勘定が借方残高であったため、減少させる際は反対の貸方になります。

4．自己振出小切手

受け取った小切手のうち、50,000の小切手は当社が振出人であるため自己振出小切手に該当します。自己振出小切手を受け取った場合、「当座預金」勘定（資産）の減少を取り消すために、「当座預金」勘定の増加として処理します。

5．ただちに入金した場合、手付金

送金小切手は通貨代用証券なので、本来は現金として扱います。しかし、問題文に ただちに当座預金口座に入金した とあるため、「当座預金」勘定（資産）の増加となります。

なお、受け取った手付金は、商品を引き渡す義務として「前受金」勘定（負債）の増加とします。また、手付金部分のみが簿記上の取引となるため、注文額1,000,000で仕訳を行わない点に留意しましょう。

6．銀行口座の管理、手数料

問題文に、銀行名と口座種類を組み合わせた勘定科目を用いている とあるため該当の勘定科目を使用します。また、生じた手数料は「支払手数料」勘定（費用）

の発生とします。

仕訳の金額 B銀行普通預金：振替額1,000,000＋手数料500＝1,000,500

7．当座借越

当座借越契約を締結している場合、借越限度額の範囲内であれば、残高不足であっても支払を行うことができます。

8．小口現金

小口現金は「小口現金」勘定（資産）で処理します。また、タクシー利用料と電車賃は「旅費交通費」勘定（費用）、文房具代は「消耗品費」勘定（費用）、切手代は「通信費」勘定（費用）、お茶代は「雑費」勘定（費用）で処理します。

仕訳の金額 旅費交通費：タクシー利用料29,000＋電車賃4,200＝33,200

補足

小口現金の補給が報告と同時に行われる場合

仮に、小口現金の補給が報告と同時に行われる場合、仕訳は次のようになります。

（借）	旅費交通費	33,200	（貸）	小口現金	42,300
	消耗品費	5,100			
	通信費	2,700			
	雑費	1,300			
（借）	小口現金	42,300	（貸）	当座預金	42,300※1

※1　当座預金から補給した場合（定額資金前渡制度であるため、補給額は使用額と同額となる）

なお、この場合、借方と貸方の小口現金を相殺して、次のように仕訳することもできます。

（借）	旅費交通費	33,200	（貸）	当座預金	42,300
	消耗品費	5,100			
	通信費	2,700			
	雑費	1,300			

1-3 固定資産、資金の賃貸借、給料、その他の取引 ／□ ／□ ／□

下記の各取引について仕訳しなさい。ただし、勘定科目は、各取引の下の勘定科目から最も適当と思われるものを選び、記号で解答すること。また、指示がある場合を除き、消費税は考慮しないこととする。

1．店舗として使用する目的で建物の賃貸借契約を締結した。月額家賃は¥340,000であり、契約時に2ヶ月分の家賃および敷金（家賃4ヶ月分）ならびに仲介手数料（家賃1ヶ月分）を小切手で支払った。

ア．現　　　金　　イ．支払手数料　　ウ．建　　　物
エ．差入保証金　　オ．支払家賃　　カ．当座預金

2．保有する土地（購入代価¥500,000、登記料¥10,000）を¥600,000で売却し、代金は月末に受け取ることとした。なお、当該土地は、購入時に建設会社に依頼して整地作業を行っており、その際に代金¥30,000を支払っている。

ア．売　掛　金　　イ．土　　　地　　ウ．未収入金
エ．固定資産売却益　　オ．支払手数料　　カ．固定資産売却損

3．取得してから10年経つ建物の修繕を行い、小切手¥3,000,000を支払った。なお、支払額のうち¥2,000,000は建物の耐用年数を増加させる支出であり資本的支出に該当する。残額は、原状回復のための支出であり、収益的支出に該当する。

ア．当座預金　　イ．現　　　金　　ウ．受取手形
エ．修　繕　費　　オ．資　本　金　　カ．建　　　物

4．得意先青森商事へ¥650,000の貸し付け（貸付期間：4月1日～5月31日、利率：年7.3%）を行い、利息を差し引いた金額を当社の普通預金口座から青森商事の当座預金口座に振り込んだ。なお、利息は貸付期間61日の日割計算（1年間は365日）により算定すること。

ア．受取利息　　イ．当座預金　　ウ．貸　付　金
エ．借　入　金　　オ．普通預金　　カ．支払利息

5．本日（X5年9月30日）、かねて取引銀行より借り入れた￥500,000の返済を行い、利息とともに普通預金口座から支払った。なお、当該借入金は、借入日：X3年10月1日、年利率：9％、利払日：3月末日と9月末日の年2回後払い、という条件で借り入れたものである。なお、利息は月割計算による。

ア．借入金　イ．当座預金　ウ．貸付金
エ．支払利息　オ．受取利息　カ．普通預金

6．当社の代表取締役Sから、一時的な運転資金として￥1,000,000を借り入れ、当社の当座預金口座に振り込まれた。

ア．資本金　イ．役員借入金　ウ．役員貸付金
エ．預り金　オ．当座預金　カ．現金

7．山梨商事から￥500,000の借り入れを行うために、額面￥500,000の約束手形を振り出し、利息分￥10,000を差し引いた￥490,000が当座預金口座に振り込まれた。

ア．手形借入金　イ．手形貸付金　ウ．支払手形
エ．当座預金　オ．受取利息　カ．支払利息

8．給料総額￥630,000の支払に際して、源泉所得税￥25,000、健康保険および厚生年金の保険料￥90,000、雇用保険の保険料￥6,000を控除した残額を普通預金口座から支払った。なお、雇用保険の保険料は、かねて従業員負担分を会社が立替払いしたものである。

ア．給料　イ．従業員立替金　ウ．所得税預り金
エ．社会保険料預り金　オ．普通預金　カ．法定福利費

9．社会保険料（健康保険・厚生年金保険料）の納付日を迎え、￥842,000が普通預金口座から引き落とされた。なお、社会保険料の負担割合は、会社：従業員＝1：1であり、従業員負担分は、給料支払時に源泉徴収を行っている。

ア．法定福利費　イ．従業員立替金　ウ．社会保険料預り金
エ．給料　オ．保険料　カ．普通預金

10．商品￥300,000を仕入れ、約束手形を振り出した。また、約束手形を振り出すに際して、収入印紙￥200を現金で購入し、約束手形に貼り付けた。

ア．現金　イ．貯蔵品　ウ．租税公課
エ．仕入　オ．通信費　カ．支払手形

11. 従業員の出張に際して、旅費として¥50,000を現金で手渡した。なお、この金額は過去の出張記録に基づき概算額として算定したものであり、後日、出張から帰社した時点で精算を行うこととしている。

ア．旅費交通費　イ．貸　付　金　ウ．仮　払　金
エ．仮　受　金　オ．現　　　金　カ．雑　　　損

12. 当社では、営業部の従業員に、業務用として現金を入金したICカードを渡しており、定期的に利用履歴の報告を受けている。本日、入金額¥10,000のうち、タクシー代として¥1,400、電車賃として¥4,300、電球代として¥1,450を利用した旨の報告を受けたため記帳を行う。なお、当社は、ICカードに入金した時点で仮払金勘定で処理し、利用報告を受けた時点で適切な勘定へ振り替えを行っている。

ア．現　　　金　イ．前　払　金　ウ．消耗品費
エ．仮　受　金　オ．旅費交通費　カ．仮　払　金

13. 取引先の和歌山物産より、当社の当座預金口座に¥440,000の振込がなされた。このうち¥280,000は先日販売した商品の掛け代金、¥110,000は後日販売する商品の手付金であるが、残額¥50,000は不明であったため、和歌山物産へ問い合わせたが担当者が不在であった。

ア．売　掛　金　イ．前　受　金　ウ．前　払　金
エ．仮　払　金　オ．当座預金　カ．仮　受　金

■解答欄

番号	借方科目	金額	貸方科目	金額
1				
2				
3				
4				
5				
6				
7				
8				

番号	借方科目	金額	貸方科目	金額
9				
10				
11				
12				
13				

解答・解説 固定資産、資金の賃貸借、給料、その他の取引

※模範解答では、仕訳がわかりやすいように勘定科目も記入しています。

番号	借方科目	金額	貸方科目	金額
1	オ（支払家賃）	680,000	カ（当座預金）	2,380,000
	エ（差入保証金）	1,360,000		
	イ（支払手数料）	340,000		
2	ウ（未収入金）	600,000	イ（土地）	540,000
			エ（固定資産売却益）	60,000
3	カ（建物）	2,000,000	ア（当座預金）	3,000,000
	エ（修繕費）	1,000,000		
4	ウ（貸付金）	650,000	ア（受取利息）	7,930
			オ（普通預金）	642,070
5	ア（借入金）	500,000	カ（普通預金）	522,500
	エ（支払利息）	22,500		
6	オ（当座預金）	1,000,000	イ（役員借入金）	1,000,000
7	エ（当座預金）	490,000	ア（手形借入金）	500,000
	カ（支払利息）	10,000		
8	ア（給料）	630,000	ウ（所得税預り金）	25,000
			エ（社会保険料預り金）	90,000
			イ（従業員立替金）	6,000
			オ（普通預金）	509,000
9	ウ（社会保険料預り金）	421,000	カ（普通預金）	842,000
	ア（法定福利費）	421,000		
10	エ（仕入）	300,000	カ（支払手形）	300,000
	ウ（租税公課）	200	ア（現金）	200
11	ウ（仮払金）	50,000	オ（現金）	50,000
12	オ（旅費交通費）	5,700	カ（仮払金）	7,150
	ウ（消耗品費）	1,450		
13	オ（当座預金）	440,000	ア（売掛金）	280,000
			イ（前受金）	110,000
			カ（仮受金）	50,000

1．敷金や仲介手数料の支払い

家賃および仲介手数料は返金されないため、費用の発生として「支払家賃」勘定（費用）および「支払手数料」勘定（費用）で処理します。対して、敷金は解約時に返金されるため、資産の増加として「差入保証金」勘定（資産）で処理します。

仕訳の金額 支払家賃：月額家賃340,000×２ヶ月＝680,000
差入保証金：月額家賃340,000×４ヶ月＝1,360,000
支払手数料：月額家賃340,000×１ヶ月＝340,000

2．土地の売却

売却した土地の取得原価と売却金額との差額は、「固定資産売却益」勘定（収益）または「固定資産売却損」勘定（費用）として処理します。本問では、高く売却できているため「固定資産売却益」が計上されます。なお、登記料と整地費用は付随費用であるため、固定資産の取得原価に含められる点に留意しましょう。

また、土地の売却は、商品売買以外の取引であるため、代金を回収する権利は「未収入金」勘定（資産）で処理します。

仕訳の金額 土　地：購入代価500,000＋登記料10,000＋整地費用30,000＝540,000
固定資産売却益：売却金額600,000－取得原価540,000＝60,000

3．固定資産の修理

資本的支出（固定資産の価値を高める支出）は、固定資産の増加として処理します。対して、収益的支出（原状回復や現状維持するための支出）は、「修繕費」勘定（費用）とします。

仕訳の金額 修繕費：支払額3,000,000－資本的支出2,000,000＝1,000,000

4．資金の貸し付け、利息の受け取り

貸し付けた金額を回収する権利は「貸付金」勘定（資産）、利息の受け取りによる収益は「受取利息」勘定（収益）で処理します。本問は、資金の貸し付けと利息の受け取りが同時に行われているため、下記の２つの仕訳に分けて考えることができます。解答の仕訳は下記の仕訳を１つにまとめたものです。

〈資金の貸し付け〉

(借)	貸　付　金	650,000	(貸)	普通預金	650,000

〈利息の受け取り〉

(借)	普通預金	7,930	(貸)	受取利息	7,930※1

※1　受取利息の金額は、貸付金の金額に利率を乗じたうえで、問題文の指示により日割りで計算する。
受取利息：貸付金650,000×7.3％×61日/365日＝7,930

普通預金口座から支払った場合は、「普通預金」勘定（資産）で処理します。なお、振込先の口座は、当社の勘定科目には関係がない点に留意しましょう。

5．借入金の返済、利息の支払い

借り入れた金額を返済する義務は「借入金」勘定（負債）、利息の支払いによる費用は「支払利息」勘定（費用）で処理します。本問は、資金の返済と利息の支払いが同時に行われているため、下記の２つの仕訳に分けて考えることができます。解答の仕訳は下記の仕訳を１つにまとめたものです。

〈資金の返済〉

（借）借　入　金	500,000	（貸）普　通　預　金	500,000

〈利息の支払い〉

（借）支　払　利　息	22,500※1	（貸）普　通　預　金	22,500

※1　支払利息の金額は、借入金の金額に利率を乗じたうえで、問題文の指示により月割りで計算する。なお、利息は年２回後払いのため、半年分である点に留意すること。
支払利息：借入金500,000×年利９％×６ヶ月/12ヶ月＝22,500

6．役員からの借り入れ

自社の役員から借り入れた金額を返済する義務は「役員借入金」勘定（負債）で処理します。

7．約束手形による借り入れ

約束手形を振り出して借り入れを行った場合、「手形借入金」勘定（負債）で処理します。

補足

手形借入金と借入金

約束手形による借り入れは、「借入金」勘定（負債）で処理することも認められます。しかし、より適切なのは「手形借入金」勘定であるため、勘定科目一覧に手形借入金がある場合は「手形借入金」勘定を用いるようにしましょう。

8．給料（源泉徴収）、従業員立替金

問題文の、雇用保険の保険料は、かねて従業員負担分を会社が立替払いしたものから、以前に次の仕訳を行っていることがわかります。

〈雇用保険の立替払い〉

(借) 従業員立替金	6,000※1	(貸) 現金など	6,000

※1　従業員が負担すべき金額を立替払いした場合、その金額を回収する権利は「従業員立替金」勘定（資産）で処理する。

これを前提に、本問の取引は、「給料の支払い（源泉徴収）」と「立替金の回収」の２つに分けて考えることができます。解答の仕訳は下記の仕訳を１つにまとめたものです。

〈給料の支払い（源泉徴収）〉

(借) 給料	630,000	(貸) 所得税預り金	25,000※1
		社会保険料預り金	90,000※1
		普通預金	515,000※2

※1　源泉徴収した所得税と社会保険料（健康保険料や厚生年金保険料）を納付する義務は「所得税預り金」勘定（負債）、「社会保険料預り金」勘定（負債）で処理する。

※2　普通預金は差額で算定している。
普通預金：給料630,000－（所得税25,000＋社会保険料90,000）＝515,000

〈立替金の回収〉

(借) 普通預金	6,000	(貸) 従業員立替金	6,000

9．社会保険料

社会保険料のうち、源泉徴収した従業員負担分は「社会保険料預り金」勘定（負債）で処理しているため、納付時に「社会保険料預り金」勘定を減少させます。また、会社負担分は「法定福利費」勘定（費用）で処理します。なお、負担割合は１：１なので、それぞれの金額は半額ずつになります。

仕訳の金額　社会保険料預り金：納付額842,000×１／２＝421,000
法定福利費：納付額842,000×１／２＝421,000

10．約束手形、印紙税

収入印紙の購入代金は、「租税公課」勘定（費用）で処理します。

11. 金額が未確定の支出

概算額の支払いは金額が未確定の支出に該当します。よって、「仮払金」勘定（資産）で処理します。

12. 内容が未確定の支出（ICカード）

問題文の指示に従い、利用額を「仮払金」勘定（資産）から適切な勘定科目へ振り替えます。

仕訳の金額 旅費交通費：タクシー代1,400＋電車賃4,300＝5,700
消耗品費：電球代1,450
仮払金：タクシー代1,400＋電車賃4,300＋電球代1,450＝7,150

13. 内容不明の入金

内容不明の入金額は「仮受金」勘定（負債）で処理します。

1-4　決算関連　　／□　／□　／□

下記の各取引について仕訳しなさい。ただし、勘定科目は、各取引の下の勘定科目から最も適当と思われるものを選び、記号で解答すること。また、指示がある場合を除き、消費税は考慮しないこととする。

1．X5年６月30日に備品を¥95,000で売却した（代金は２週間以内に普通預金口座に振り込まれる予定である）。売却した備品の取得日はX3年４月１日、取得原価は¥240,000、耐用年数は６年、残存価額はゼロ、記帳方法は間接法、減価償却方法は定額法である。なお、当社の決算日は３月31日であり、減価償却費は月割計算によること。

ア．減価償却費　　イ．備　　品　　ウ．減価償却累計額
エ．固定資産売却益　　オ．未収入金　　カ．固定資産売却損

2．当社の得意先であるT商事が倒産し、T商事に対する売掛金¥1,240,000と受取手形¥500,000（¥250,000の約束手形２枚）が貸し倒れた。貸し倒れた債権のうち、売掛金¥300,000と約束手形１枚は前期に発生した債権であり、残額は当期に発生した債権である。なお、貸倒引当金の残高は¥492,000である。

ア．貸倒損失　　イ．売掛金　　ウ．貸倒引当金
エ．償却債権取立益　　オ．受取手形　　カ．貸倒引当金繰入

3．前期に売掛金¥600,000が貸倒れ、全額、貸倒引当金を取り崩す処理を行った。本日、この債権のうち¥30,000を現金で回収した。

ア．貸倒引当金　　イ．貸倒損失　　ウ．現　　金
エ．償却債権取立益　　オ．売掛金　　カ．貸倒引当金繰入

4．当社は、商品保管用の倉庫として使用する目的で５階建ての建物の１階部分を賃借している。本日、賃借料¥640,000を当社の普通預金口座から支払った。なお、支払額のうち¥160,000は前期発生分の家賃であり、前期の決算で費用処理したうえで、当期首に再振替仕訳を行っている。

ア．現　　金　　イ．支払家賃　　ウ．前払家賃
エ．未払家賃　　オ．普通預金　　カ．支払地代

5．当期首（X4年1月1日）に、貸付金￥60,000について必要な再振替仕訳を行った。貸付金は、X2年5月1日に貸し付けたものであり、利払日は年2回（4月と10月の末日に後払い）、利率は年6％である。なお、当社の決算日は12月31日であり、期間按分が必要な場合、月割計算によること。

ア．貸　付　金　　イ．受取利息　　ウ．前払利息
エ．未払利息　　オ．未収利息　　カ．支払利息

6．期中に現金不足額￥5,000が生じたため現金過不足勘定で処理していたが、決算日において原因を調査したところ、買掛金の支払額￥3,200を￥2,300で記帳していたことが判明した。残額については原因不明のため、適当な科目に振り替えた。

ア．現　　　金　　イ．現金過不足　　ウ．仮　払　金
エ．雑　　　損　　オ．雑　　　益　　カ．買　掛　金

7．当期に現金を支払って￥200の収入印紙を40枚購入し、費用として計上していた。本日、決算日となり、収入印紙を保管している金庫を確認したところ、8枚残っていることが判明したため、適当な科目に振り替えた。

ア．貯　蔵　品　　イ．通　信　費　　ウ．消耗品費
エ．現　　　金　　オ．法定福利費　　カ．租税公課

8．決算日現在（X2年3月31日）、当座預金勘定が￥10,000の貸方残高になっているため、適当な科目に振り替えた。また、これに対応する利息は￥500でありX2年4月1日に引き落とされるので、当該利息を当期の費用とするための処理を行った。

ア．支払利息　　イ．未収利息　　ウ．当座借越
エ．未払利息　　オ．受取利息　　カ．当座預金

9．株式会社和歌山商事は、決算振替仕訳を行い、当期純利益に相当する金額を損益勘定から資本の勘定に振り替えた。なお、決算整理後の収益総額は￥942,000、費用総額は￥675,000であった。

ア．雑　　　益　　イ．損　　　益　　ウ．利益準備金
エ．繰越利益剰余金　　オ．現　　　金　　カ．資　本　金

■ 解答欄

番号	借方科目	金額	貸方科目	金額
1				
2				
3				
4				
5				
6				
7				
8				

番号	借方科目	金額	貸方科目	金額
9				

解答・解説 決算関連

※模範解答では、仕訳がわかりやすいように勘定科目も記入しています。

番号	借方科目	金額	貸方科目	金額
1	ウ（減価償却累計額）	80,000	イ（備　　品）	240,000
	ア（減 価 償 却 費）	10,000		
	オ（未 収 入 金）	95,000		
	カ（固定資産売却損）	55,000		
2	ウ（貸 倒 引 当 金）	492,000	イ（売　掛　金）	1,240,000
	ア（貸 倒 損 失）	1,248,000	オ（受 取 手 形）	500,000
3	ウ（現　　金）	30,000	エ（償却債権取立益）	30,000
4	イ（支 払 家 賃）	640,000	オ（普 通 預 金）	640,000
5	イ（受 取 利 息）	600	オ（未 収 利 息）	600
6	カ（買　掛　金）	900	イ（現 金 過 不 足）	5,000
	エ（雑　　損）	4,100		
7	ア（貯　蔵　品）	1,600	カ（租 税 公 課）	1,600
8	カ（当 座 預 金）	10,000	ウ（当 座 借 越）	10,000
	ア（支 払 利 息）	500	エ（未 払 利 息）	500
9	イ（損　　益）	267,000	エ（繰越利益剰余金）	267,000

1．固定資産の売却

減価償却している固定資産を売却した場合、売却価額と帳簿価額（取得原価－売却時点の減価償却累計額）の差額が固定資産売却損益となりますが、本問では、減価償却累計額を自分で算定する必要があります。また、当期中に３ヶ月使用しているため、当期分の減価償却費は月割計算により算定します。

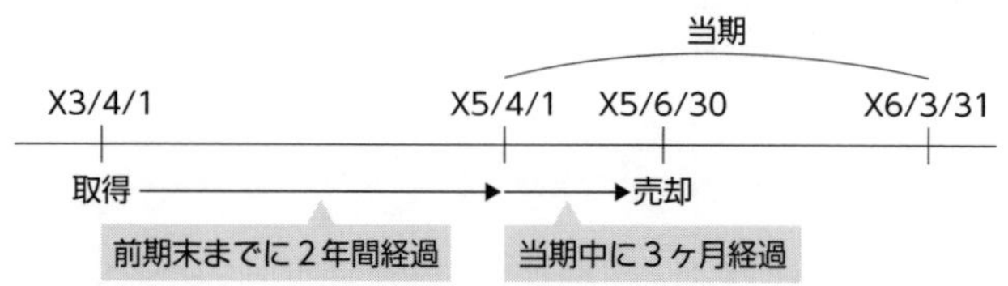

備品は商品ではないため、売却代金を回収する権利は「未収入金」勘定（資産）となる点に留意しましょう。

仕訳の金額 減価償却累計額：取得原価240,000÷6年×2年（X3.4～X5.3）
＝80,000

減価償却費：取得原価240,000÷6年×3ヶ月（X5.4～X5.6）/12ヶ月
＝10,000

固定資産売却損：売却価額95,000－（取得原価240,000－売却時点の減価償却累計額90,000※1）＝△55,000

※1　売却時点の減価償却累計額：前期末までの減価償却累計額80,000＋当期の減価償却費10,000＝90,000

2．貸倒時の処理

貸倒れた債権のうち、前期発生債権は「貸倒引当金」勘定（資産の控除項目）を取り崩し、当期発生債権は「貸倒損失」勘定（費用）を計上します。解答の仕訳は、下記の仕訳を1つにまとめたものです。

〈前期発生債権の貸倒れ〉

（借）			（貸）	
（借）	貸倒引当金	492,000	（貸）売掛金	300,000※1
	貸倒損失	58,000※2	受取手形	250,000※1

※1　前期に発生した債権

※2　貸倒引当金の残高を超過した額は当期の費用にするため「貸倒損失」勘定の発生とする。
貸倒損失：（売掛金300,000＋受取手形250,000）－貸倒引当金492,000＝58,000

〈当期発生債権の貸倒れ〉

（借）			（貸）	
（借）	貸倒損失	1,190,000	（貸）売掛金	940,000
			受取手形	250,000

3．貸倒処理した債権を回収した場合

前期以前に貸倒処理した債権を当期に回収した場合、当期の収益とするため「償却債権取立益」勘定（収益）の発生とします。なお、貸倒時に貸倒引当金を取り崩していたのか、貸倒損失を計上していたのかは、関係ありません。

4．経過勘定の再振替仕訳がある場合の期中仕訳

本問は、経過勘定（未払費用）に関する取引です。期首に再振替仕訳を行っていれば、期中では単に支払額を費用とする処理を行えばよいです。

補足

当期の費用発生額

当期に支払った640,000のうち、160,000は前期発生分の費用であるため、当期発生分の費用は、残額の480,000です。この金額は、「再振替仕訳△160,000※1＋期中仕訳640,000※2＝480,000」により算定できます。

〈前期の決算整理仕訳〉

（借）支払家賃	160,000	（貸）未払家賃	160,000

〈当期首の再振替仕訳〉

（借）未払家賃	160,000	（貸）支払家賃	160,000※1

〈当期の支払時の期中仕訳（解答の仕訳）〉

（借）支払家賃	640,000※2	（貸）普通預金	640,000

5．経過勘定の再振替仕訳

本問は前期の決算で下記の決算整理仕訳を行っています。よって、その逆仕訳が解答の再振替仕訳となります。

〈前期の決算整理仕訳〉

（借）未収利息	600※1	（貸）受取利息	600

※1　X3年11月～X3年12月の２ヶ月間について、前期中に受取利息を計上できていない。よって、決算整理仕訳において受取利息を認識し、「未収利息」勘定（資産）を計上する。

未収利息：貸付金60,000×６％×２ヶ月（X3.11 ～ X3.12）/12ヶ月＝600

6．現金過不足の整理

期中で生じた現金不足額の原因が決算日になっても判明しない場合、「雑損」勘定（費用）を計上します。

仕訳の金額　買掛金：3,200－2,300＝900

※買掛金を追加で900減少させる必要があるため、借方となる。

雑損：現金不足額5,000－原因判明分900＝4,100

7．貯蔵品の整理

収入印紙は、購入時に「租税公課」勘定（費用）の発生としていますが、決算日に未使用分がある場合は「貯蔵品」勘定（資産）に振り替えます。

仕訳の金額 貯蔵品：@200×未使用８枚＝1,600

8．当座借越の整理、経過勘定の計上

当座預金の貸方残高は当座借越を意味するので、貸借対照表で負債として表示するために「当座預金」勘定（資産）から「当座借越」勘定（負債）に振り替えます。

また、当座借越は通常の借入金と同じように、当座借越の期間に応じて利息が生じます。本問の場合、当期の利息500が当期末現在未払となっており、経過勘定の未払費用に該当します。よって、「未払利息」勘定（負債）を計上します。

9．決算振替仕訳

当期純利益の金額だけ、貸借対照表の繰越利益剰余金が増加する。よって、「損益」勘定から「繰越利益剰余金」勘定（資本）に振り替える。

仕訳の金額 繰越利益剰余金：収益942,000－費用675,000＝267,000

1-5 株式会社会計、税金、証ひょう ／□ ／□ ／□

下記の各取引について仕訳しなさい。ただし、勘定科目は、各取引の下の勘定科目から最も適当と思われるものを選び、記号で解答すること。また、指示がある場合を除き、消費税は考慮しないこととする。

1. 当社は増資を行い、800株（1株当たりの払込金額￥1,500）発行し、全株式について払い込みを受けた。払込金額は普通預金口座に振り込まれており、全額を資本金に計上する。

ア. 資本金　イ. 損益　ウ. 普通預金
エ. 利益準備金　オ. 繰越利益剰余金　カ. 借入金

2. 定時株主総会において、繰越利益剰余金￥780,000の一部を処分する決議を行った。その内容は、株主への配当金￥350,000、利益準備金の積立￥35,000である。

ア. 未払費用　イ. 利益準備金　ウ. 資本金
エ. 未払配当金　オ. 繰越利益剰余金　カ. 損益

3. 当期の決算にあたり、翌期に納付する法人税等（法人税、住民税及び事業税）の金額を負債として計上した。なお、当期の税引前当期純利益は￥800,000であり、当該金額の30%を当期の法人税等とする。また、決算整理前の仮払法人税等勘定の残高は￥70,000であり、これは中間納付額を処理したものである。

ア. 損益　イ. 未払法人税等　ウ. 繰越利益剰余金
エ. 法人税、住民税及び事業税　オ. 租税公課　カ. 仮払法人税等

4. 当社はA商品を1個当たり￥50,000（税抜価格）で販売している。本日、得意先に対してA商品を13個販売した。代金のうち、￥20,000は内金を充当し、残額は掛けとした。なお、消費税率は10%であり、税抜方式により処理する。

ア. 売上　イ. 仮払消費税　ウ. 前受金
エ. 仮受消費税　オ. 売掛金　カ. 租税公課

5. 納税義務者である当社は、本日、消費税の確定申告を行い、未払消費税￥10,000（内訳は、国税部分￥7,800、地方税部分￥2,200）を税務署に現金で納付した。

ア. 未払消費税　イ. 租税公課　ウ. 現金
エ. 法定福利費　オ. 預り金　カ. 法人税、住民税及び事業税

6．静岡商事はコーヒー豆の卸売業を営んでいる。本日、商品を仕入れ、以下の納品書兼請求書を受け取った。なお、消費税は税抜方式による。

納品書兼請求書

静岡商事　御中

石川商事

品名	数量	単価	金額
ケニア産の豆	5	500	¥ 2,500
ザンビア産の豆	8	600	¥ 4,800
キリマンジャロ産の豆	20	450	¥ 9,000
	消費税		¥ 1,304
	合計		¥17,604

上記の合計額を×月×日までに下記口座にお振込下さい。
A銀行B支店　普通　×××　イシカワ（カ

ア．普通預金　イ．仕入　ウ．買掛金
エ．未払消費税　オ．仮受消費税　カ．仮払消費税

7．佐賀商事は、X1年6月20日に得意先兵庫商事から商品¥400,000の注文を受け、手付金として、以下の小切手を受け取った。

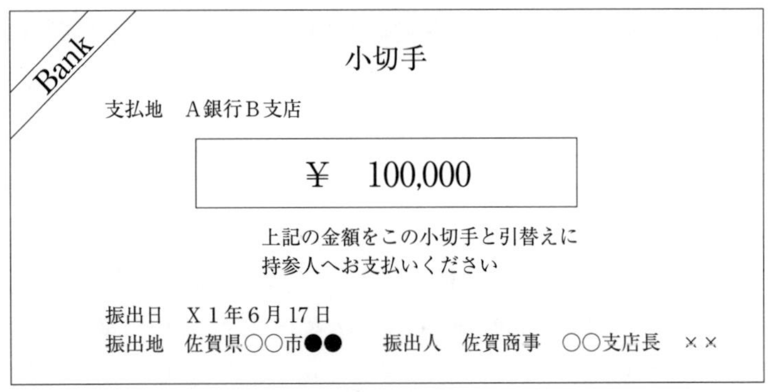
Bank

小切手

支払地　A銀行B支店

¥　100,000

上記の金額をこの小切手と引替えに
持参人へお支払いください

振出日　X1年6月17日
振出地　佐賀県○○市●●　振出人　佐賀商事　○○支店長　××

ア．前受金　イ．当座預金　ウ．仕入
エ．現金　オ．売上　カ．前払金

8．京都商事は、X1年７月10日に仕入先沖縄商事から商品を仕入れ、以下の約束手形を振り出して支払った。なお、貼付している収入印紙は先月に購入したものであり、購入時に費用として処理している。また、消費税率は10%であり、会計処理は税抜方式を採用している。

約　束　手　形

収入印紙
¥200

沖縄商事　殿

支払期日　X1年10月11日
支払地　×××
支払場所　A銀行B支店

¥　550,000

上記金額をあなたまたはあなたの指図人へこの約束手形と引き換えにお支払いいたします。

振出日　X1年7月10日
振出地　京都府笠置町　　振出人　京都商事　笠置支店長　○×○×

ア．仮払消費税　　イ．仕　　入　　ウ．未払消費税
エ．仮受消費税　　オ．支払手形　　カ．租税公課

9．福島商事は以下の納付書について、当座預金口座から振り込んだ。

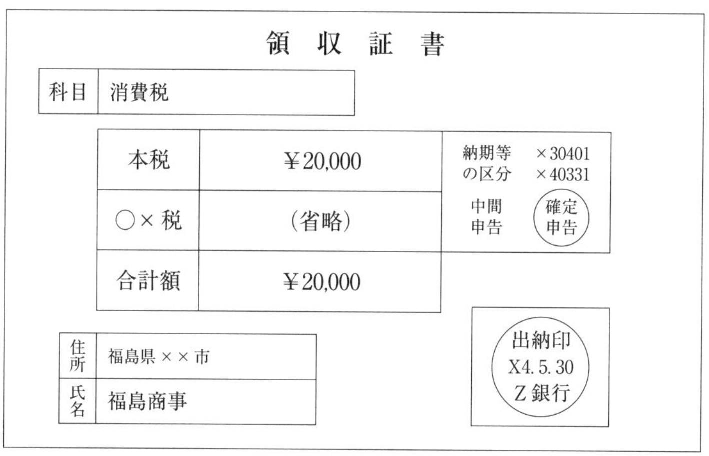

領　収　証　書

科目	消費税

本税	¥20,000	納期等の区分　×30401　×40331　中間申告　確定申告
○×税	(省略)	
合計額	¥20,000	

住所	福島県××市
氏名	福島商事

出納印
X4. 5. 30
Z銀行

ア．未払消費税　　イ．仮払消費税　　ウ．仮払法人税等
エ．当座預金　　オ．未払法人税等　　カ．仮受消費税

10. 岐阜商事は以下の納付書について、当座預金口座から振り込んだ。

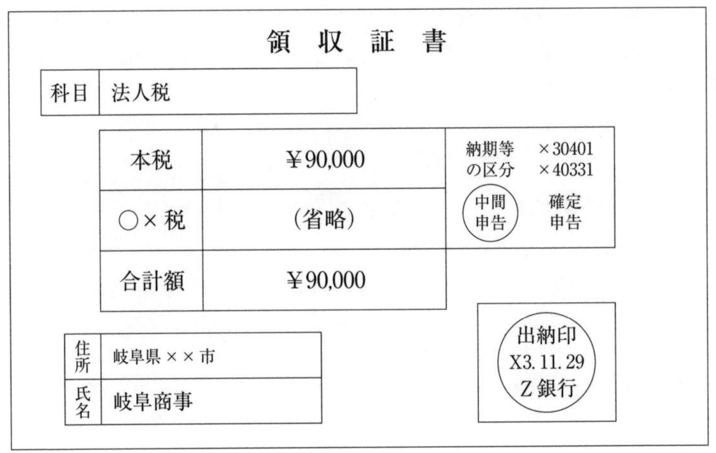

領　収　証　書

科目	法人税

本税	￥90,000
○×税	（省略）
合計額	￥90,000

納期等の区分　×30401　×40331

中間申告（○印）　確定申告

住所	岐阜県××市
氏名	岐阜商事

出納印　X3. 11. 29　Z銀行

ア．租税公課　イ．仮払法人税等　ウ．未払消費税
エ．未払法人税等　オ．当座預金　カ．法人税、住民税及び事業税

11. 社内で使用するためのサーバー用パソコンを購入し、品物と下記の請求書を受け取った。

請求書

内　容	金　額
サーバー用パソコン	¥490,000
初期セットアップ費用	¥53,000
送　料	¥3,000
合計	¥546,000

上記の合計額を×月×日までに下記口座にお振込下さい。
（以下、省略）

ア．発送費　イ．買掛金　ウ．未払金
エ．仕入　オ．備品　カ．雑費

■解答欄

番号	借方科目	金額	貸方科目	金額
1				
2				
3				
4				
5				
6				
7				
8				

番号	借方科目	金額	貸方科目	金額
9				
10				
11				

解答・解説　株式会社会計、税金、証ひょう

※模範解答では、仕訳がわかりやすいように勘定科目も記入しています。

番号	借方科目	金額	貸方科目	金額
1	ウ（普通預金）	1,200,000	ア（資本金）	1,200,000
2	オ（繰越利益剰余金）	385,000	エ（未払配当金）	350,000
			イ（利益準備金）	35,000
3	エ（法人税、住民税及び事業税）	240,000	カ（仮払法人税等）	70,000
			イ（未払法人税等）	170,000
4	ウ（前受金）	20,000	ア（売上）	650,000
	オ（売掛金）	695,000	エ（仮受消費税）	65,000
5	ア（未払消費税）	10,000	ウ（現金）	10,000
6	イ（仕入）	16,300	ウ（買掛金）	17,604
	カ（仮払消費税）	1,304		
7	イ（当座預金）	100,000	ア（前受金）	100,000
8	イ（仕入）	500,000	オ（支払手形）	550,000
	ア（仮払消費税）	50,000		
9	ア（未払消費税）	20,000	エ（当座預金）	20,000
10	イ（仮払法人税等）	90,000	オ（当座預金）	90,000
11	オ（備品）	546,000	ウ（未払金）	546,000

1. 増資

増資を行った場合、会社設立時と同様に、払込金額について「資本金」勘定（資本）の増加とします。

仕訳の金額 資本金：800株×@1,500＝1,200,000

2. 利益剰余金の配当および処分

配当額と利益準備金の積立額の分だけ「繰越利益剰余金」勘定（資本）を減少させます。また、配当金は決議時点ですぐに払うわけでないため、「未払配当金」勘定（負債）で処理します。

仕訳の金額 繰越利益剰余金：配当金350,000＋利益準備金35,000＝385,000

3. 法人税、住民税及び事業税

当期の法人税等の額を当期の費用としたうえで、中間申告を控除した残額を法人税等の納付義務として「未払法人税等」勘定（負債）で処理します。

仕訳の金額 法人税、住民税及び事業税：税引前利益800,000×30％＝240,000
未払法人税等：法人税等240,000－中間申告70,000＝170,000

4. 消費税

売上は税抜価格で計上し、受け取った消費税は「仮受消費税」勘定（負債）で処理します。なお、内金は手付金を意味する点に留意しましょう。

仕訳の金額 売　上：@50,000×13個＝650,000
仮受消費税：売上650,000×10％＝65,000
売掛金：売上650,000＋消費税65,000－内金20,000＝695,000

5. 消費税

前期の決算で計上した「未払消費税」勘定（負債）を減額させます。なお、消費税は国の収入となる国税と、47都道府県に分配される地方税から構成されますが、簿記の仕訳上は区別せず仕訳します。

6. 証ひょう（仕入）

商品の仕入取引に関する証ひょうです。証ひょうの一番下に 上記の合計額を×月×日までに下記口座にお振込下さい とあるので、掛け仕入であることが判明します。また、仕入の金額は税抜価格で計上する点に留意しましょう。

仕訳の金額 仕　入：合計17,604－消費税1,304＝16,300
仮払消費税：消費税1,304
買掛金：合計17,604

7．証ひょう（自己振出小切手）

小切手の振出人が佐賀商事となっています。つまり、自己振出小切手です。よって、「当座預金」勘定（資産）の増加とします。

8．証ひょう（約束手形）

約束手形による債務は「支払手形」勘定（負債）で処理します。なお、収入印紙は購入時に費用処理しているため、使用時（約束手形の振出時）は特に処理する必要はありません。

9．証ひょう（消費税）

証ひょうの科目欄に「消費税」とあり、右側の「確定申告」に○がついているため、消費税の確定申告を行ったことが判明します。よって、前期の決算で計上した「未払消費税」勘定（負債）を減額させます。

10．証ひょう（法人税）

証ひょうの科目欄に「法人税」とあり、右側の「中間申告」に○がついているため、法人税等の中間申告を行ったことが判明します。よって、「仮払法人税等」勘定（資産）で処理します。

11．証ひょう（固定資産の取得）

サーバ用パソコンは「備品」勘定（資産）で処理します。初期セットアップ費用と送料は付随費用に該当するため、合計額546,000を備品の取得原価にします。なお、上記の合計額を×月×日までに下記口座にお振込下さい とあるので、貸方は「未払金」勘定（負債）とします。

第 2 問対策

攻略アドバイス

出題内容：帳簿、勘定記入、文章の穴埋め問題など（配点20点）

第２問では、10点前後の問題が２題出題されます。第２問は、配点が低く、難易度が高いことも多いので、試験ではいったん飛ばして、残りの時間で解くのがオススメです。問題の内容は、帳簿に関する問題、勘定記入に関する問題、文章の穴埋め問題が出題されることが多いです。また、伝票の問題が出題されることもあります。文章の穴埋め問題は広範囲から出題されるため、教科書を読み込むことが一番の対策になります。なお、帳簿と伝票の問題は基本編で対策が可能なので、「基本編」を解くようにしてください。

2-1 補助簿の選択

当社では、解答欄記載の補助簿を用いている。次の取引が記帳される補助簿の欄に○印をつけなさい。なお、該当する補助簿がない場合は、該当なしの欄に○印をつけること。

1. 長崎商事から商品¥500,000を仕入れた。代金のうち、¥100,000は小切手を振り出し、残額は掛けとした。
2. 当期首から10年前に¥6,900,000で取得した土地を、¥8,000,000で三重商事へ売却した。代金は、小切手で受け取った。
3. 大阪商事へ商品¥70,000を販売した。代金のうち、¥10,000は手付金を充当し、残額は同社振出の約束手形で受け取った。なお、販売時に送料¥1,000を現金で支払っている。
4. 埼玉商事へ商品¥100,000を販売した。代金は当社振出の小切手で受け取った。
5. 新潟商事から掛け仕入れた商品¥50,000のうち、¥3,000が品違いであったため返品した。

■解答欄

補助簿／取引	現金出納帳	当座預金出納帳	仕入帳	売上帳	商品有高帳	売掛金元帳	買掛金元帳	受取手形記入帳	支払手形記入帳	固定資産台帳	該当なし
1											
2											
3											
4											
5											

解答・解説　補助簿の選択

取引＼補助簿	現金出納帳	当座預金出納帳	仕入帳	売上帳	商品有高帳	売掛金元帳	買掛金元帳	受取手形記入帳	支払手形記入帳	固定資産台帳	該当なし
1		○	○		○		○				
2	○									○	
3	○			○	○			○			
4		○		○	○						
5			○		○		○				

各取引がどの補助簿に記入されるのかを判断する問題です。各取引の仕訳を書いたうえで、考えるのがオススメです。なお、商品の仕入と売上の仕訳では、「商品」勘定は使用しませんが、商品の増減があるので商品有高帳に記入される点に注意しましょう。

〈仕訳〉

1．商品の仕入

(借)			(貸)		
	仕入	500,000※1		当座預金	100,000※2
				買掛金	400,000※3

※1　仕入帳及び商品有高帳に記入される。
※2　当座預金出納帳に記入される。
※3　買掛金元帳に記入される。

2．土地の売却

(借)			(貸)		
	現金	8,000,000※1		土地	6,900,000※2
				固定資産売却益	1,100,000

※1　現金出納帳に記入される。
※2　固定資産台帳に記入される。

3．商品の販売

(借) 前受金	10,000	(貸) 売上	70,000※1
受取手形	60,000※2		
(借) 発送費	1,000	(貸) 現金	1,000※3

※1　売上帳及び商品有高帳に記入される。
※2　受取手形記入帳に記入される。
※3　現金出納帳に記入される。

4．商品の販売

自己振出小切手なので、「当座預金」勘定（資産）の増加とする点に留意しましょう。

(借) 当座預金	100,000※1	(貸) 売上	100,000※2

※1　当座預金出納帳に記入される。
※2　売上帳及び商品有高帳に記入される。

5．仕入戻し

(借) 買掛金	3,000※1	(貸) 仕入	3,000※2

※1　買掛金元帳に記入される。
※2　仕入帳及び商品有高帳に記入される。

2-2 勘定記入①（分記法と三分法） ／□ ／□ ／□

下記に、４月中の商品売買取引を分記法によった場合の勘定を示している。この勘定記入に基づき、商品売買取引を三分法によった場合の勘定記入を示しなさい。なお、語句は語群から選び、記号で解答すること。また、日付は採点の対象とはしない。

〔語群〕

ア．前期繰越	イ．売掛金	ウ．繰越商品
エ．買掛金	オ．売上	カ．仕入

〔資料〕

１．分記法によった場合の勘定記入

商品

日付	摘要	金額	日付	摘要	金額
4/ 1	前期繰越	6,200	4/11	売掛金	7,000
4/ 7	買掛金	3,000			
4/13	売掛金	650			
4/22	買掛金	4,000			

商品売買益

日付	摘要	金額	日付	摘要	金額
4/13	売掛金	350	4/11	売掛金	5,000

２．留意点

(1) 商品売買は掛け取引で行っており、同一の日付の取引は、同一の取引である。
(2) 勘定の締め切りは行う必要ない。
(3) 当社の会計期間は４月から始まる１年間である。
(4) 空欄すべてが埋まるわけではない。

■ 解答欄

売上

日付	摘要	金額	日付	摘要	金額
(　)	(　)	(　)	(　)	(　)	(　)
(　)	(　)	(　)	(　)	(　)	(　)
(　)	(　)	(　)	(　)	(　)	(　)

仕入

日付	摘要	金額	日付	摘要	金額
(　)	(　)	(　)	(　)	(　)	(　)
(　)	(　)	(　)	(　)	(　)	(　)
(　)	(　)	(　)	(　)	(　)	(　)

（次ページに続く）

（前ページより）

繰越商品

( )	( )	( )	( )	( )	( )
( )	( )	( )	( )	( )	( )
( )	( )	( )	( )	( )	( )

解答・解説 勘定記入①（分記法と三分法）

※模範解答では、勘定記入がわかりやすいように勘定科目も記入しています。

売　上

4/13	イ（売　掛　金）	1,000	4/11	イ（売　掛　金）	12,000

仕　入

4/ 7	エ（買　掛　金）	3,000			
4/22	エ（買　掛　金）	4,000			

繰越商品

4/ 1	ア（前期繰越）	6,200			

本問は次の手順で考えるようにしましょう。

① 分記法の勘定記入から、分記法の仕訳を推定する。
② 分記法の仕訳から、三分法の仕訳を推定する。
③ 三分法の仕訳に基づいて、三分法の勘定記入を行う。

なお、分記法の「商品」勘定（資産）は、その時点の在庫金額を示すため期中で増減させますが、三分法の「繰越商品」勘定（資産）は、前期末の在庫金額を示すため期中では増減させない点に留意しましょう。

〈分記法の仕訳（問題の勘定記入から推定）〉

1．4/7（商品の仕入）

(借) 商品	3,000	(貸) 買掛金	3,000

2．4/11（商品の販売）

(借) 売掛金	12,000	(貸) 商品	7,000
		商品売買益	5,000

3．4/13（売上戻り）

勘定記入に基づき仕訳を書いてみると、下記の通り、販売時の逆仕訳になります。そのため、売上戻りであることが判明します。

(借) 商品	650	(貸) 売掛金	1,000
商品売買益	350		

4．4/22（商品の仕入）

(借) 商品	4,000	(貸) 買掛金	4,000

〈三分法の仕訳（分記法の仕訳から推定）〉

1．4/7（商品の仕入）

(借) 仕入	3,000	(貸) 買掛金	3,000

2．4/11（商品の販売）

(借) 売掛金	12,000	(貸) 売上	12,000

3．4/13（売上戻り）

(借) 売上	1,000	(貸) 売掛金	1,000

4．4/22（商品の仕入）

(借) 仕入	4,000	(貸) 買掛金	4,000

2-3 勘定記入②（経過勘定）　／□　／□　／□

（株）宮崎（会計期間１年間、決算日３月31日）における次の取引に基づいて、保険料勘定と（　？　）保険料勘定の空欄①～⑤に当てはまる適切な語句または金額を答えなさい。なお、語句は語群から選び、記号で解答すること。

〔語群〕

ア. 未　収　　イ. 前　払　　ウ. 未　払　　エ. 前　受

〔当期（X8年度）の取引等〕

4/1　再振替仕訳を行った。なお、前期にX8年４月から８月までの保険料を支払っていたため、前期末に適切な決算手続きを行っている。月額保険料は¥10,000である。

9/1　向こう半年分の保険料を現金で支払った。なお、月額保険料に変更はない。

3/1　向こう半年分の保険料を現金で支払った。なお、月額保険料は¥11,000に改定された。

3/31　決算日となり、決算手続きを行った。

保　険　料

（　）	（　）	（ ① ）	（　）	（　）	（　）
（　）	（　）	（　）	（　）	（　）	（ ③ ）
（　）	（　）	（ ② ）			
		（　）			（　）

（ ④ ）保険料

4/1	前期繰越	（　）	（　）	（　）	（　）
（　）	（　）	（ ⑤ ）	（　）	（　）	（　）
		（　）			（　）

■解答欄

①		②		③		④		⑤	

解答・解説　勘定記入②（経過勘定）

①	50,000	②	66,000	③	121,000	④	イ	⑤	55,000

仕訳を書いて、それを転記するようにしましょう。

1．X8/3/31（前期の決算整理仕訳）

前期からすれば、翌期分の保険料（費用）を前払いしています。よって、その分の保険料を取り消して、前払保険料を計上します。

(借) 前払保険料	50,000※1	(貸) 保険料	50,000

※1　前払保険料：月額保険料10,000×5ヶ月（X8.4～X8.8）＝50,000

2．X8/4/1（再振替仕訳）

前期の決算整理仕訳の逆仕訳を行います。

(借) 保険料	50,000	(貸) 前払保険料	50,000

3．X8/9/1（保険料支払時の仕訳）

(借) 保険料	60,000※1	(貸) 現金	60,000

※1　保険料：月額保険料10,000×6ヶ月（X8.9～X9.2）＝60,000

4．X9/3/1（保険料支払時の仕訳）

(借) 保険料	66,000※1	(貸) 現金	66,000

※1　保険料：月額保険料11,000×6ヶ月（X9.3～X9.8）＝66,000

5．X9/3/31（決算整理仕訳）

(借) 前払保険料	55,000※1	(貸) 保険料	55,000

※1　前払保険料：月額保険料11,000×5ヶ月（X9.4～X9.8）＝55,000

6．X9/3/31（決算振替仕訳）

決算整理後の「保険料」勘定（費用）の残高を、「損益」勘定に振り替えます。

(借) 損益	121,000	(貸) 保険料	121,000※1

※1　保険料：下記、7．の勘定記入参照
または、月額10,000×11ヶ月（X8.4～X9.2）＋月額11,000×1ヶ月（X9.3）＝121,000

7．勘定

保険料

4/1	前払保険料	50,000	3/31	前払保険料	55,000
9/1	現　　金	60,000	3/31	損　　益※	121,000
3/1	現　　金	66,000			
		176,000			176,000

※ 損益：貸借差額により算定できる。

前払保険料

4/1	前期繰越	50,000	4/1	保険料	50,000
3/31	保険料	55,000	3/31	次期繰越	55,000
		105,000			105,000

2-4 勘定記入③（固定資産台帳）　/ □　/ □　/ □

（株）長野（会計期間1年間、決算日3月31日）における次の資料に基づいて、勘定の空欄①～⑤に当てはまる適切な語句または金額を答えなさい。なお、語句は語群から選び、記号で解答すること。

〔語群〕

ア．当座預金　イ．備　　品　ウ．減価償却費　エ．減価償却累計額

〔留意点〕

・減価償却費は月割計算によって計上する。

・減価償却方法は定額法である。

〔固定資産台帳の一部抜粋〕

	取得日	取得原価	耐用年数	残存価額
備品A	X3年4月1日	¥100,000	8年	取得原価の10%
備品B	X5年7月1日	¥120,000	5年	ゼロ
備品C	X7年6月20日	¥180,000	6年	ゼロ

備　品

X7/4/1	前期繰越	（ ① ）	X8/3/31	次期繰越	（　）
X7/6/20	当座預金	（　）			
		（　）			（　）

減価償却累計額

X8/3/31	次期繰越	（ ② ）	X7/4/1	前期繰越	（ ③ ）
			X8/3/31	（ ④ ）	（ ⑤ ）
		（　）			（　）

■ 解答欄

①		②		③		④		⑤	

解答・解説　勘定記入③（固定資産台帳）

①	220,000	②	147,250	③	87,000	④	ウ	⑤	60,250

1．減価償却累計額の前期繰越額

備品A：取得原価100,000×90％÷８年×４年（X3.4～X7.3）＝45,000

備品B：取得原価120,000÷５年×21ヶ月（X5.7～X7.3）/12ヶ月＝42,000

合　計：備品A45,000＋備品B42,000＝87,000

2．当期の減価償却費

備品A：取得原価100,000×90％÷８年＝11,250

備品B：取得原価120,000÷５年＝24,000

備品C：取得原価180,000÷６年×10ヶ月（X7.6～X8.3）/12ヶ月＝25,000

合　計：備品A11,250＋備品B24,000＋備品C25,000＝60,250

3．勘定記入

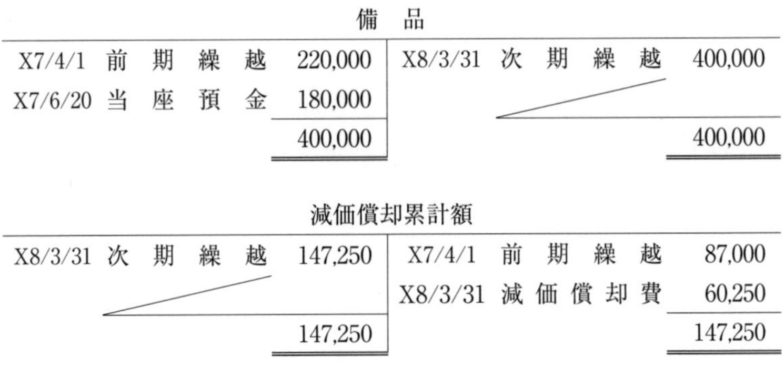

備　品

X7/4/1	前期繰越	220,000	X8/3/31	次期繰越	400,000
X7/6/20	当座預金	180,000			
		400,000			400,000

減価償却累計額

X8/3/31	次期繰越	147,250	X7/4/1	前期繰越	87,000
			X8/3/31	減価償却費	60,250
		147,250			147,250

2-5 文章の穴埋め①

/ □ / □ / □

次の文章の空欄①～⑤に当てはまる金額または語句を答えなさい。なお、語句は下記に示した〔語群〕から最も適切なものを選択し、記号で解答すること。

〔語群〕

ア. 分記法	イ. 先入先出法	ウ. 紙幣及び硬貨	エ. 印紙税
オ. 決算整理仕訳	カ. 租税公課	キ. 三分法	ク. 約束手形
ケ. 事業税	コ. 移動平均法	サ. 定額法	シ. 通貨代用証券
ス. 所得税	セ. 小口現金	ソ. 決算振替仕訳	タ. 消費税

(1) 簿記上の現金は、通貨及び（　①　）の合計額となる。例えば、金庫に下記のものが入っていた場合、簿記上の現金の金額は¥（　②　）となる。

通貨 ¥5,000	他人振出の小切手 ¥1,600	自己振出小切手 ¥700
収入印紙 ¥1,060	送金小切手 ¥1,200	郵便切手 ¥910
郵便為替証書 ¥720	ICカード（入金額 ¥1,000）	他社発行の商品券 ¥900

(2) 商品売買の会計処理方法には複数あるが、商品の販売時に商品売買益を認識する方法を（　③　）という。

(3) 商品の払出単価の決定方法である先入先出法と移動平均法を比較する。物価が上昇している場合（仕入れる都度、仕入単価が上昇している場合）において、売上原価の金額は（　④　）の方が大きくなる。

(4) 会社が負担する税金のうち、利益に対して課される税金を、法人税、住民税及び（　⑤　）という。

■ 解答欄

①		②		③		④		⑤	

解答・解説　文章の穴埋め①

①	シ	②	8,520	③	ア	④	コ	⑤	ケ

1．文章

⑴　簿記上の現金は、通貨及び（①通貨代用証券）の合計額となる。例えば、金庫に下記のものが入っていた場合、簿記上の現金の金額は¥（②8,520）となる。

通貨 ¥5,000	他人振出の小切手 ¥1,600	自己振出小切手 ¥700
収入印紙 ¥1,060	送金小切手 ¥1,200	郵便切手 ¥910
郵便為替証書 ¥720	ICカード（入金額 ¥1,000）	他社発行の商品券 ¥900

⑵　商品売買の会計処理方法には複数あるが、商品の販売時に商品売買益を認識する方法を（③分記法）という。

⑶　商品の払出単価の決定方法である先入先出法と移動平均法を比較する。物価が上昇している場合、（仕入れる都度、仕入単価が上昇している場合）において、売上原価の金額は（④移動平均法）の方が大きくなる。

⑷　会社が負担する税金のうち、利益に対して課される税金を、法人税、住民税及び（⑤事業税）という。

2．②について

通貨代用証券に該当するのは、他人振出の小切手、送金小切手、郵便為替証書です。よって、現金の金額は以下のようになります。なお、自己振出小切手は「当座預金」、未使用の収入印紙と郵便切手は「貯蔵品」、ICカード入金額は「仮払金」、商品券は「受取商品券」になる点に留意しましょう。

通貨5,000＋他人振出小切手1,600＋送金小切手1,200＋郵便為替証書720＝8,520

3．④について

払出単価の決定方法の違いにより、「期末在庫」の金額が変わります。売上原価は、「期首在庫＋当期仕入－期末在庫」により算定されるので、「期末在庫の金額が小さい＝売上原価が大きい」となります。よって、「期末在庫の額が小さくなるのはどちらの方法か」を考えることで解答を導けます。

先入先出法では一番新しく仕入れた商品が期末在庫となりますが、移動平均法では過去の仕入原価との平均になります。以上をまとめると、物価上昇局面では、一番新しく仕入れた商品の単価が一番高くなるため、下記のようになります。

先入先出法の期末在庫 ＞ 移動平均法の期末在庫

よって、移動平均法の方が売上原価は大きくなるのです。

2-6 文章の穴埋め②　／□　／□　／□

次の文章の空欄①～⑤に当てはまる金額または語句を答えなさい。なお、語句は下記に示した〔語群〕から最も適切なものを選択し、記号で解答すること。

〔語群〕

ア．資　　　産	イ．貸　　　方	ウ．貸借対照表	エ．費　　　用
オ．負　　　債	カ．試　算　表	キ．評　　　価	ク．収　益　的
ケ．資　本　的	コ．勘定口座	サ．損益計算書	シ．仕　訳　帳
ス．借　　　方	セ．補　助　簿	ソ．振　　　替	

(1) 簿記上の取引があった場合、仕訳を行い、仕訳の内容を(　①　)に転記する。

(2) 有形固定資産の修繕および改良を行った場合において、支出した金額のうち、(　②　)支出に該当するものは、資産の増加として処理する。

(3) 繰越利益剰余金勘定の当期首残高が¥10,000、当期の配当金の額が¥3,000、当期の利益準備金の積立額が¥300、当期純利益の金額が¥7,400の場合、繰越利益剰余金勘定の決算整理前残高は¥(　③　)である。

(4) 貸倒引当金や減価償却累計額は資産の控除項目であり、(　④　)勘定といわれる。

(5) 3伝票制とは、入金伝票、出金伝票、(　⑤　)伝票を用いる伝票制度のことをいう。

■解答欄

①		②		③		④		⑤	

解答・解説　文章の穴埋め②

①	コ	②	ケ	③	6,700	④	キ	⑤	ソ

1．文章

⑴　簿記上の取引があった場合､仕訳を行い､仕訳の内容を(①勘定口座)に転記する。

⑵　有形固定資産の修繕および改良を行った場合において、支出した金額のうち、(②資本的) 支出に該当するものは、資産の増加として処理する。

⑶　繰越利益剰余金勘定の当期首残高が￥10,000、当期の配当金の額が￥3,000、当期の利益準備金の積立額が￥300、当期純利益の金額が￥7,400の場合、繰越利益剰余金勘定の決算整理前残高は￥(③6,700) である。

⑷　貸倒引当金や減価償却累計額は資産の控除項目であり、(④評価) 勘定といわれる。

⑸　３伝票制とは、入金伝票、出金伝票、(⑤振替) 伝票を用いる伝票制度のことをいう。

2．③について

⑴　仕訳

〈配当および処分〉

(借)	繰越利益剰余金	3,300※1	(貸)	未払配当金	3,000
				利益準備金	300

※1　繰越利益剰余金：配当金3,000＋利益準備金300＝3,300

〈決算振替仕訳〉

(借)	損益	7,400	(貸)	繰越利益剰余金	7,400

⑵　解答の金額

決算振替仕訳は決算整理後に行う仕訳なので、決算整理前残高試算表の金額を算定する上では考慮する必要はありません。よって、繰越利益剰余金勘定の決算整理前残高は次のようになります。

期首残高10,000－配当処分3,300＝6,700

2-7 文章の穴埋め③

／□　／□　／□

次の文章の空欄①～⑤に当てはまる語句を答えなさい。なお、語句は下記に示した〔語群〕から最も適切なものを選択し、記号で解答すること。

〔語群〕

ア．個別転記	イ．負　　債	ウ．耐用年数	エ．資　　産
オ．未　　払	カ．主要簿	キ．残存価額	ク．前　　払
ケ．合計転記	コ．仮　　払	サ．会計期間	シ．合計試算表
ス．補助簿			

(1) 仕訳帳と総勘定元帳を合わせて、(　①　) という。

(2) 減価償却手続きとは、有形固定資産の取得に要した金額を資産として処理したうえで、(　②　) に渡って、費用配分することである。

(3) 取引銀行と当座借越契約を結んでおり、決算日に当座預金勘定が貸方残高である場合、当該金額は貸借対照表において (　③　) の部に計上される。

(4) 伝票会計を採用しており、仕訳日計表を用いる場合、伝票の内容は仕訳日計表に (　④　) される。

(5) 当期に支払った保険料￥600のうち、決算日時点で￥100が未経過の場合、￥100を (　⑤　) 保険料勘定に振り替える。

■解答欄

①		②		③		④		⑤	

解答・解説　文章の穴埋め③

①	カ	②	ウ	③	イ	④	ケ	⑤	ク

1．文章

⑴　仕訳帳と総勘定元帳を合わせて、（①主要簿）という。

⑵　減価償却手続きとは、有形固定資産の取得に要した金額を資産として処理したうえで、（②耐用年数）に渡って、費用配分することである。

⑶　取引銀行と当座借越契約を結んでおり、決算日に当座預金勘定が貸方残高である場合、当該金額は貸借対照表において（③負債）の部に計上される。

⑷　伝票会計を採用しており、仕訳日計表を用いる場合、伝票の内容は仕訳日計表に（④合計転記）される。

⑸　当期に支払った保険料￥600のうち、決算日時点で￥100が未経過の場合、￥100を（⑤前払）保険料勘定に振り替える。

2．⑤について

「支払ったが当期に未経過」ということは、翌期分を当期に前払いしたことを意味します。よって、下記の仕訳を行い、当期の費用から減額し、翌期に役務の提供を受ける権利として「前払保険料」勘定（資産）を計上します。

〈決算整理仕訳〉

（借）前払保険料	100	（貸）保険料	100

第３問対策

攻略アドバイス

出題内容：決算の総合問題（配点35点）

第３問では、決算の総合問題が出題されます。決算の総合問題には、財務諸表の作成、決算整理後残高試算表の作成、精算表の作成の３つがあります。このうち、特に出題可能性が高いのは財務諸表作成問題です。どのような形式だとしても、対策すれば安定して高得点を狙うことが可能なので、30点を超えることを目標にしましょう。

※各問題に「模擬配点」を示しています。この模擬配点は、もしその問題が検定試験の問題として出題された場合の配点予想箇所です。なお、復習の際は配点箇所となっていない箇所についても、金額を確認するようにして下さい。

3-1 財務諸表の作成①　　／□　／□　／□

次の各資料にもとづいて、解答欄の貸借対照表と損益計算書を完成させなさい。なお、会計期間はX5年6月1日からX6年5月31日である。

〔資料Ⅰ〕決算整理前残高試算表

残高試算表
X6年5月31日

借方	勘定科目	貸方
80,000	現金	
207,000	当座預金	
155,000	受取手形	
145,000	売掛金	
20,000	仮払金	
23,000	仮払法人税等	
150,000	繰越商品	
160,000	建物	
40,000	備品	
162,600	土地	
	支払手形	125,000
	買掛金	146,000
	借入金	200,000
	貸倒引当金	1,800
	建物減価償却累計額	32,000
	資本金	180,000
	繰越利益剰余金	220,000
	売上	965,000
	受取家賃	36,000
	受取利息	1,300
590,000	仕入	
79,000	給料	
48,000	旅費交通費	
42,500	租税公課	
5,000	支払利息	
1,907,100		1,907,100

〔資料Ⅱ〕決算整理事項

1. 商品の期末棚卸高は¥135,000であった。
2. 仮払金は、従業員の出張に際して旅費交通費の概算額を支払ったものである。決算日に従業員が帰社し、旅費交通費¥21,300との報告を受け、従業員が立て替えていた不足額は現金で支払った。
3. X6年5月25日に、顧客から商品の注文を受け、手付金¥38,400が当座預金（Y銀行）に振り込まれていたが、その処理がなされていなかった。
4. 受取手形及び売掛金の期末残高に対して2％の貸倒引当金を設定する(差額補充法)。
5. 建物及び備品について、定額法により減価償却を行う。残存価額は取得原価の10％とし、耐用年数は、建物が24年、備品が6年とする。なお、備品はX5年12月1日に購入したものである。
6. 家賃は、X6年4月1日に向こう6ヶ月分を一括して受け取ったものである。
7. 借入金は、利率が年3％、利払日が各年3月末日、返済期日がX7年3月31日の条件で借り入れたものである。
8. 租税公課として費用計上した金額のうち、未使用の収入印紙が¥4,850ある。
9. 複数の銀行に当座預金口座を開設しているが、この内、Z銀行の当座預金の金額が¥2,000の貸方残高となっているため、借入金に振り替える。なお、Z銀行とは当座借越契約を結んでいる。また、当座借越から生じる利息はないものとする。
10. 当期の法人税等の税額を算定したところ¥50,000であった。

■解答欄

貸借対照表

X6年5月31日　　　　(単位：円)

資産			負債・純資産	
現金		(　　)	支払手形	(　　)
当座預金		(　　)	買掛金	(　　)
受取手形	(　　)		前受金	(　　)
貸倒引当金	△(　　)		未払法人税等	(　　)
売掛金	(　　)		借入金	(　　)
貸倒引当金	△(　　)	(　　)	(　　)費用	(　　)
商品		(　　)	前受収益	(　　)
貯蔵品		(　　)	資本金	(　　)
建物	(　　)		繰越利益剰余金	(　　)
減価償却累計額	△(　　)	(　　)		
備品	(　　)			
減価償却累計額	△(　　)	(　　)		
土地		(　　)		
		(　　)		(　　)

損益計算書

X5年6月1日～X6年5月31日　　(単位：円)

費用		収益	
売上原価	(　　)	売上高	(　　)
給料	(　　)	受取家賃	(　　)
旅費交通費	(　　)	受取利息	(　　)
租税公課	(　　)		
貸倒引当金繰入	(　　)		
減価償却費	(　　)		
支払利息	(　　)		
法人税等	(　　)		
当期純利益	(　　)		
	(　　)		(　　)

解答・解説 財務諸表の作成①

貸借対照表

X6年5月31日 （単位：円）

現金		78,700	支払手形	125,000
当座預金		247,400	買掛金	146,000
受取手形	155,000		前受金	38,400
貸倒引当金	△ 3,100	151,900	未払法人税等	27,000
売掛金	145,000		借入金	202,000
貸倒引当金	△ 2,900	142,100	（未払）費用	1,000
商品		135,000	前受収益	24,000
貯蔵品		4,850	資本金	180,000
建物	160,000		繰越利益剰余金	338,150
減価償却累計額	△ 38,000	122,000		
備品	40,000			
減価償却累計額	△ 3,000	37,000		
土地		162,600		
		1,081,550		1,081,550

損益計算書

X5年6月1日～X6年5月31日 （単位:円）

売上原価	605,000	売上高	965,000
給料	79,000	受取家賃	12,000
旅費交通費	69,300	受取利息	1,300
租税公課	37,650		
貸倒引当金繰入	4,200		
減価償却費	9,000		
支払利息	6,000		
法人税等	50,000		
当期純利益	118,150		
	978,300		978,300

模擬配点：■×３点（ただし、繰越利益剰余金のみ２点）

1．売上原価の算定

⑴　決算整理事項

いわゆる、「しいくり、くりし」を行い、前T/Bの仕入590,000（仕入高）を売上原価に修正します。また、この決算整理により、「繰越商品」勘定（資産）の金額が期末在庫の金額になります。なお、「繰越商品」勘定は貸借対照表では「商品」に、「仕入」勘定（費用）は損益計算書では「売上原価」として表示される点に留意しましょう。

⑵　決算整理仕訳

（借）	仕入	150,000	（貸）	繰越商品	150,000※1
（借）	繰越商品	135,000	（貸）	仕入	135,000

※1　期首商品：前T/B繰越商品150,000

⑶　解答の金額

B/S　商　品：期末商品135,000

P/L　売上原価：前T/B仕入590,000＋期首商品150,000－期末商品135,000
＝605,000

2．仮払金の整理

⑴　決算整理事項

仮払金20,000の内容が判明したので、適切な勘定である「旅費交通費」勘定（費用）に振り替えます。なお、この決算整理により、「現金」勘定（資産）の残高も変動する点に注意しましょう。

⑵　決算整理仕訳

（借）	旅費交通費	21,300	（貸）	仮払金	20,000
				現金	1,300※1

※1　現金：旅費交通費21,300－仮払金20,000＝1,300

⑶　解答の金額

B/S　現　金：前T/B現金80,000－不足分支払1,300＝78,700

B/S　仮払金：前T/B20,000－内容判明20,000＝0

P/L　旅費交通費：前T/B48,000＋決算整理21,300＝69,300

3．手付金の処理

⑴　決算整理事項

期中の未処理事項がある場合、決算日に処理する。今回は、商品の手付金を受け取っているため、商品を引き渡す義務として「前受金」勘定（負債）の増加とする。

(2) 決算整理仕訳

(借) 当 座 預 金	38,400	(貸) 前　受　金	38,400

(3) 解答の金額※1

B/S 前受金：未処理38,400

※1 前受金は前T/Bに計上されていないため、決算整理仕訳の金額が解答の金額となる。なお、当座預金は他の資料でも変動するため、上記解答の金額には含めていない。

ひと言アドバイス

決算の問題では仕訳の都度、解答欄を埋めるのがオススメだよ。だから、当座預金もこのタイミングで245,400（＝前T/B207,000＋38,400）といったん埋めてしまおう。この後に、また当座預金を仕訳することになるけど、その場合は解答を書き直せばいいだけだからね。

4．貸倒引当金の設定

(1) 決算整理事項

問題文の指示に従い、貸倒引当金を設定します。貸倒引当金繰入の金額は差額補充法により算定するため、前T/Bの貸倒引当金の金額を確認するようにしましょう。

(2) 決算整理仕訳

(借) 貸倒引当金繰入	4,200※1	(貸) 貸 倒 引 当 金	4,200

※1 貸倒引当金繰入：（前T/B受取手形155,000＋前T/B売掛金145,000）×２％－前T/B貸倒引当金1,800 ＝4,200

(3) 解答の金額

B/S 貸倒引当金（受取手形）：前T/B受取手形155,000×２％＝3,100※1

B/S 貸倒引当金（売掛金）：前T/B売掛金145,000×２％＝2,900※1

P/L 貸倒引当金繰入：決算整理4,200

※1 貸借対照表の貸倒引当金の金額は貸倒見積高となるため、売上債権の金額に実績率２％を乗じることによって計算できる。

5．減価償却

(1) 決算整理事項

問題文の指示に従い、減価償却費を計算します。なお、備品は当期中に取得しているため、月割計算が必要になる点に留意しましょう。

(2) 決算整理仕訳

(借) 減 価 償 却 費	6,000※1	(貸) 建物減価償却累計額	6,000
(借) 減 価 償 却 費	3,000※2	(貸) 備品減価償却累計額	3,000

※1 減価償却費（建物）：前T/B建物160,000×90％÷24年＝6,000

※2 備品減価費（備品）：前T/B備品40,000×90％÷６年×６ヶ月（X5.12～X6.5）/12ヶ月＝3,000

(3) 解答の金額

B/S 減価償却累計額（建物）：前T/B32,000＋決算整理6,000＝38,000

B/S 減価償却累計額（備品）：決算整理3,000

P/L 減価償却費：建物6,000＋備品3,000＝9,000

6．前受家賃

(1) 決算整理事項

受取家賃は、X6年4月1日に向こう6ヶ月分を一括して受け取っているので、前T/Bの受取家賃36,000は、6ヶ月分（X6.4～X6.9）です。よって、未経過分である4ヶ月分（X6.6～X6.9）については、「受取家賃」勘定（収益）のマイナスとし、役務を提供する義務として「前受家賃」勘定（負債）を計上します。なお、「前受家賃」勘定は貸借対照表では「前受収益」として表示される点に留意しましょう。

(2) 決算整理仕訳

(借) 受取家賃	24,000	(貸) 前受家賃	24,000※1

※1 前受家賃：前T/B受取家賃36,000×4ヶ月（X6.6～X6.9）/6ヶ月（X6.4～X6.9）＝24,000

(3) 解答の金額

B/S 前受収益：決算整理24,000

P/L 受取家賃：前T/B36,000－決算整理24,000＝12,000

または、前T/B36,000×2ヶ月（X6.4～X6.5）/6ヶ月（X6.4～X6.9）＝12,000※1

※1 当期に経過した2ヶ月分が当期の収益となる。

7．未払利息

(1) 決算整理事項

毎年3月末日に利息を支払っているので、期末時点では2ヶ月間（X6.4～X6.5）が、未払期間となっており、期中に費用処理していません（前T/Bの支払利息5,000は、10ヶ月分（X5.6～X6.3）です。よって、その2ヶ月分について「支払利息」勘定（費用）を計上したうえで、「未払利息」勘定（負債）を計上します。なお、「未払利息」勘定は貸借対照表では「未払費用」として表示される点に留意しましょう。

(2) 決算整理仕訳

(借) 支払利息	1,000	(貸) 未払利息	1,000※1

※1 未払利息：借入金200,000×3％×2ヶ月（X6.4～X6.5）/12ヶ月＝1,000

(3) 解答の金額

B/S 未払費用：決算整理1,000

P/L 支払利息：前T/B5,000＋決算整理1,000＝6,000

または、借入金200,000×３％＝6,000※1

※1 前T/Bの支払利息は5,000（＝借入金200,000×３％×10ヶ月（X5.6～X6.3）/12ヶ月）となっている。よって、支払利息は借入金200,000からのみ生じていることが判明するので、当期の借入期間である12ヶ月分の金額が当期の支払利息の金額となる。

8．貯蔵品の計上

(1) 決算整理事項

収入印紙のうち、使用分は「租税公課」勘定（費用）としますが、未使用分は「貯蔵品」勘定（資産）として貸借対照表に計上します。よって、未使用額4,850を租税公課から貯蔵品へ振り替えます。

(2) 決算整理仕訳

(借) 貯蔵品	4,850	(貸) 租税公課	4,850

(3) 解答の金額

B/S 貯蔵品：決算整理4,850

P/L 租税公課：前T/B42,500－決算整理4,850＝37,650

9．当座借越の負債計上

(1) 決算整理事項

当座借越は銀行からの短期的な借り入れを意味するため、貸借対照表では負債として表示します。なお、勘定科目は「当座借越」勘定（負債）もありますが、本問では問題の指示に従い「借入金」勘定（負債）とします。

(2) 決算整理仕訳

(借) 当座預金	2,000	(貸) 借入金	2,000

(3) 解答の金額

B/S 当座預金：前T/B207,000＋手付金38,400（上記３．(2)）＋当座借越2,000
＝247,400

P/L 借入金：前T/B200,000＋決算整理2,000＝202,000

10. 法人税等

(1) 決算整理事項

法人税等の金額を費用計上したうえで、「未払法人税等」勘定（負債）を計上します。「未払法人税等」勘定の金額は、中間申告（仮払法人税等の額）を控除した額となる点に留意しましょう。なお、「未払法人税等」勘定は「未払金」勘定（負債）の一種であるため、「未払費用」には含めません。

(2) 決算整理仕訳

(借) 法人税等	50,000	(貸) 仮払法人税等	23,000※1
		未払法人税等	27,000※2

※1 仮払法人税等：前T/B23,000

※2 未払法人税等：法人税等50,000－中間申告23,000＝27,000

(3) 解答の金額

B/S 仮払法人税等：前T/B23,000－決算整理23,000＝0

B/S 未払法人税等：決算整理27,000

P/L 法人税等：決算整理50,000

11. 当期純利益の算定

(1) 決算整理事項

当期純利益は、損益計算書の差額により算定します。また、当期純利益の金額だけ「繰越利益剰余金」勘定（資本）が増加する点に留意しましょう。

(2) 決算振替仕訳（「損益」勘定から「繰越利益剰余金」勘定への振り替え）

(借) 損益	118,150※1	(貸) 繰越利益剰余金	118,150

※1 損益：P/L収益総額978,300－P/L費用総額860,150＝118,150

(3) 解答の金額

B/S 繰越利益剰余金：前T/B220,000＋当期純利益118,150＝338,150

P/L 当期純利益：P/L差額118,150

3-2 財務諸表の作成②　　＿/□　＿/□　＿/□

次の各資料にもとづいて、解答欄の貸借対照表と損益計算書を完成させなさい。なお、会計期間はX5年1月1日からX5年12月31日である。

〔資料Ⅰ〕決算整理前残高試算表

残高試算表
X5年12月31日

借方	勘定科目	貸方
110,000	現金	
	現金過不足	1,400
36,000	受取手形	
44,000	売掛金	
95,000	繰越商品	
118,250	貸付金	
60,000	建物	
20,000	車両運搬具	
50,000	土地	
	買掛金	102,800
	借入金	180,000
	貸倒引当金	500
	建物減価償却累計額	11,200
	車両運搬具減価償却累計額	5,800
	資本金	50,000
	繰越利益剰余金	150,000
	売上	360,000
	受取家賃	23,800
	受取利息	3,300
260,000	仕入	
49,750	給料	
35,200	修繕費	
7,900	支払家賃	
2,700	支払利息	
888,800		888,800

〔資料Ⅱ〕決算整理事項

1. 現金過不足は、決算日現在、原因が分からなかったので、雑益または雑損に振り替える。
2. 決算手続中（12月31日）に、12月28日に販売した商品（原価¥3,200、売価¥4,000）の返品があったので、掛け代金から控除した。
3. 商品倉庫を調べたところ、商品の期末棚卸高は¥102,000であった。なお、上記の返品された商品の金額は、この期末棚卸高には含まれていない。
4. 売上債権の期末残高に対して2％の貸倒引当金を設定する（差額補充法）。
5. 建物及び車両運搬具について、定額法によって減価償却を行う。建物は耐用年数25年、残存価額ゼロとし、車両運搬具は耐用年数8年、残存価額を取得原価の10％とする。
6. 修繕費のうち¥12,000は、12月に実施した土地の整地工事に係るものであるため、修繕費から土地に振り替える。
7. 受取家賃は、かねてより賃貸している不動産に係るものであり、毎年3月1日および9月1日に向こう6ヶ月分を受け取っている。
8. 前払利息¥900を計上する。
9. 前受利息¥1,400を計上する。

■解答欄

貸借対照表

X5年12月31日 (単位：円)

現　　　金		(　　　)	買　掛　金	(　　　)
受取手形	(　　　)		借　入　金	(　　　)
貸倒引当金	△(　　　)	(　　　)	前受(　　)	(　　　)
売　掛　金	(　　　)		資　本　金	(　　　)
貸倒引当金	△(　　　)	(　　　)	繰越利益剰余金	(　　　)
商　　　品		(　　　)		
貸　付　金		(　　　)		
前払(　　)		(　　　)		
建　　　物	(　　　)			
減価償却累計額	△(　　　)	(　　　)		
車両運搬具	(　　　)			
減価償却累計額	△(　　　)	(　　　)		
土　　　地		(　　　)		
		(　　　)		(　　　)

損益計算書

X5年1月1日～X5年12月31日 (単位:円)

売上原価	(　　　)	売　上　高	(　　　)
給　　料	(　　　)	受取家賃	(　　　)
修　繕　費	(　　　)	受取利息	(　　　)
支払家賃	(　　　)	(　　　)	(　　　)
貸倒引当金繰入	(　　　)		
(　　　)	(　　　)		
支払利息	(　　　)		
当期純利益	(　　　)		
	(　　　)		(　　　)

解答・解説 財務諸表の作成②

貸借対照表

X5年12月31日 (単位：円)

現金		110,000	買掛金	102,800
受取手形	36,000		借入金	180,000
貸倒引当金	△ 720	35,280	前受(収益)	4,800
売掛金	40,000		資本金	50,000
貸倒引当金	△ 800	39,200	繰越利益剰余金	191,580
商品		105,200		
貸付金		118,250		
前払(費用)		900		
建物	60,000			
減価償却累計額	△13,600	46,400		
車両運搬具	20,000			
減価償却累計額	△ 8,050	11,950		
土地		62,000		
		529,180		529,180

損益計算書

X5年1月1日～X5年12月31日 (単位:円)

売上原価	249,800	売上高	356,000
給料	49,750	受取家賃	20,400
修繕費	23,200	受取利息	1,900
支払家賃	7,900	(雑益)	1,400
貸倒引当金繰入	1,020		
(減価償却費)	4,650		
支払利息	1,800		
当期純利益	41,580		
	379,700		379,700

模擬配点：■×３点（ただし、当期純利益のみ２点）

1．現金過不足の整理

(1) 決算整理事項

「現金過不足」勘定は仮勘定であるため、財務諸表には計上できません。よって、決算日において原因不明な場合、「現金過不足」勘定を取り崩し、「雑益」勘定（収益）または「雑損」勘定（費用）を計上します。前T/Bの現金過不足は貸方残高であるため期中では下記の仕訳が行われたことを意味します。つまり、現金の超過額が生じているため、「雑益」勘定の発生となります。

〈期中仕訳（現金超過額の発生）〉

（借）現　　　　　金	1,400	（貸）現金過不足	1,400

(2) 決算整理仕訳

（借）現金過不足	1,400	（貸）雑　　　　益	1,400

(3) 解答の金額

P/L　雑　益：決算整理1,400

2．返品の処理

(1) 決算整理事項

販売した商品が返品された場合、「売上」勘定（収益）を取り消します。また、問題文の指示に従い、相手勘定は「売掛金」勘定（資産）の減少として処理します。なお、金額は、売上計上時の仕訳の取り消しを行うので、原価ではなく売価である点に留意しましょう。また、この決算整理により、「売掛金」勘定の残高が変動するため、貸倒引当金の計算に影響する点に注意しましょう。

(2) 決算整理仕訳

（借）売　　　　　上	4,000	（貸）売　掛　金	4,000

(3) 解答の金額

B/S　売掛金：前T/B44,000－決算整理4,000＝40,000

P/L　売上高：前T/B360,000－決算整理4,000＝356,000

3．売上原価の算定

(1) 決算整理事項

いわゆる、「しいくり、くりし」を行い、前T/Bの仕入260,000（仕入高）を売上原価に修正します。また、この決算整理事項により、「繰越商品」勘定（資産）の金額が期末在庫の金額になります。なお、問題文の期末在庫102,000には返品が含まれていないため、返品の原価3,200を加算するようにして下さい。また、「繰越商品」勘定は貸借対照表では「商品」に、「仕入」勘定（費用）は損益計算書では「売上原価」として表示される点に留意しましょう。

⑵ 決算整理仕訳

(借) 仕 入	95,000	(貸) 繰 越 商 品	95,000※1
(借) 繰 越 商 品	105,200※2	(貸) 仕 入	105,200

※１ 期首商品：前T/B繰越商品95,000

※２ 期末商品：期末商品棚卸高102,000＋返品原価3,200＝105,200

⑶ 解答の金額

B/S 商 品：期末商品105,200

P/L 売上原価：前T/B仕入260,000＋期首商品95,000－期末商品105,200
＝249,800

４．貸倒引当金の設定

⑴ 決算整理事項

問題文の指示に従い、貸倒引当金を設定します。貸倒引当金繰入の金額は差額補充法により算定するため、前T/Bの貸倒引当金の金額を確認するようにしましょう。なお、返品分の売掛金はもう存在せず、翌期に貸倒れる可能性がないため、貸倒引当金は返品考慮後の売掛金40,000（すなわち、売掛金のB/S計上額）に対して設定することになります。

⑵ 決算整理仕訳

(借) 貸倒引当金繰入	1,020※1	(貸) 貸 倒 引 当 金	1,020

※１ 貸倒引当金繰入：(前T/B受取手形36,000＋返品考慮後売掛金40,000)×２％－前T/B貸倒引当金500
＝1,020

⑶ 解答の金額

B/S 貸倒引当金（受取手形）：前T/B受取手形36,000×２％＝720※１

B/S 貸倒引当金（売掛金）：返品考慮後売掛金40,000×２％＝800※１

P/L 貸倒引当金繰入：決算整理1,020

※１ 貸借対照表の貸倒引当金の金額は貸倒見積高となるため、売上債権の金額に実績率２％を乗じることによって計算できる。

５．減価償却

⑴ 決算整理事項

問題文の指示に従い、減価償却費を計算します。

⑵ 決算整理仕訳

(借) 減価償却費	2,400※1	(貸) 建物減価償却累計額	2,400
(借) 減価償却費	2,250※2	(貸) 車両運搬具減価償却累計額	2,250

※1 減価償却費（建物）：前T/B建物60,000÷25年＝2,400

※2 減価償却費（車両運搬具）：前T/B車両運搬具20,000×90％÷８年＝2,250

⑶ 解答の金額

B/S 減価償却累計額（建物）：前T/B11,200＋決算整理2,400＝13,600

B/S 減価償却累計額（車両運搬具）：前T/B5,800＋決算整理2,250＝8,050

P/L 減価償却費：建物2,400＋車両運搬具2,250＝4,650

６．修繕費の修正

⑴ 決算整理事項

問題文の指示に従って、「修繕費」勘定（費用）から「土地」勘定（資産）へ振り替えます。これは、資本的支出とすべき12,000を期中仕訳で収益的支出としてしまったため、その点を決算で修正している仕訳です。

⑵ 決算整理仕訳

(借) 土地	12,000	(貸) 修繕費	12,000

⑶ 解答の金額

B/S 土　地：前T/B50,000＋決算整理12,000＝62,000

P/L 修繕費：前T/B35,200－決算整理12,000＝23,200

７．前受家賃

⑴ 決算整理事項

受取家賃は、毎年３月１日と９月１日に向こう６ヶ月分の家賃を同額受け取っているので、前T/Bの受取家賃23,800は、14ヶ月分（X5.1～X6.2）です。よって、未経過分である２ヶ月分（X6.1～X6.2）については、受取家賃のマイナスとし、役務を提供する義務として「前受家賃」勘定（負債）を計上します。なお、「前受家賃」勘定は貸借対照表では「前受収益」として表示される点に留意しましょう。

⑵ 決算整理仕訳

(借) 受取家賃	3,400	(貸) 前受家賃	3,400※1

※1 前受家賃：前T/B受取家賃23,800×２ヶ月（X6.1～X6.2）/14ヶ月（X5.1～X6.2）＝3,400

(3) 解答の金額※1

P/L 受取家賃：前T/B23,800－決算整理3,400＝20,400

または、前T/B23,800×12ヶ月(X5.1～X5.12)/14ヶ月(X5.1～X6.2)

＝20,400

※1 前受収益は他の資料でも変動するため、上記解答の金額には含めていない。

ひと言アドバイス

決算の問題では仕訳の都度、解答欄を埋めるのがオススメだよ。だから、前受収益もこのタイミングで3,400といったん埋めてしまおう。この後に、また前受収益を仕訳することになるけど、その場合は解答を書き直せばいいだけだからね。

8. 前払利息

(1) 決算整理事項

問題文の指示に従って、「前払利息」勘定（資産）を計上します。前払利息は翌期分を前払いした（当期中に翌期分を費用計上した）ことを意味するため、決算整理で当該金額を「支払利息」勘定（費用）から減額します。なお、「前払利息」勘定は貸借対照表では「前払費用」として表示される点に留意しましょう。

(2) 決算整理仕訳

(借) 前払利息	900	(貸) 支払利息	900

(3) 解答の金額

B/S 前払費用：決算整理900

P/L 支払利息：前T/B2,700－決算整理900＝1,800

9. 前受利息

(1) 決算整理事項

問題文の指示に従って、「前受利息」勘定（負債）を計上します。前受利息は翌期分を前受けした（当期中に翌期分を収益計上した）ことを意味するため、決算整理で当該金額を「受取利息」勘定（収益）から減額します。なお、「前受利息」勘定は貸借対照表では「前受収益」として表示される点に留意しましょう。

(2) 決算整理仕訳

(借) 受取利息	1,400	(貸) 前受利息	1,400

(3) 解答の金額

B/S 前受収益：前受家賃3,400＋前受利息1,400＝4,800

P/L 受取利息：前T/B3,300－決算整理1,400＝1,900

10. 当期純利益の算定

(1) 決算整理事項

当期純利益は、損益計算書の差額により算定します。また、当期純利益の金額だけ「繰越利益剰余金」勘定（資本）が増加する点に留意しましょう。

(2) 決算振替仕訳（「損益」勘定から「繰越利益剰余金」勘定への振り替え）

(借) 損　　　益	41,580※1	(貸) 繰越利益剰余金	41,580

※1　損益：P/L収益総額379,700－P/L費用総額338,120＝41,580

(3) 解答の金額

B/S　繰越利益剰余金：前T/B150,000＋当期純利益41,580＝191,580

P/L　当期純利益：P/L差額41,580

3-3 決算整理後残高試算表の作成 ／□ ／□ ／□

次の各資料にもとづいて、解答欄の決算整理後残高試算表を完成させなさい。なお、会計期間はX5年4月1日からX6年3月31日である。

〔資料Ⅰ〕決算整理前残高試算表

残高試算表
X6年3月31日

借方	勘定科目	貸方
84,000	現金	
	現金過不足	10,600
197,000	当座預金	
164,000	電子記録債権	
92,000	売掛金	
18,000	繰越商品	
750,000	建物	
65,000	備品	
	買掛金	33,600
	借入金	120,000
	仮受金	16,000
	貸倒引当金	1,200
	建物減価償却累計額	108,000
	備品減価償却累計額	35,000
	資本金	500,000
	繰越利益剰余金	400,000
	売上	477,000
	受取手数料	7,900
160,000	仕入	
109,000	給料	
13,500	消耗品費	
22,000	支払家賃	
10,800	支払地代	
24,000	保険料	
1,709,300		1,709,300

〔資料Ⅱ〕決算整理事項

1. 現金過不足のうち¥9,800は手数料の受取額を記入漏れしていたことが判明したが、残額¥800については原因が判明しなかった。
2. 期末商品棚卸高は¥12,000である。なお、売上原価は仕入勘定で算定する。
3. 仮受金は得意先からの売掛金の回収分であることが判明した。
4. 有形固定資産について定額法により減価償却を行う。なお、建物の耐用年数は30年、備品の耐用年数は5年とし、残存価額はいずれも取得原価の10%とする。
5. 電子記録債権及び売掛金の期末残高に対して3%の貸倒れを見積もる。貸倒引当金の設定は、差額補充法による。
6. 借入金は、X5年12月1日に年利率4%で借り入れたものであり、利息は元金とともに返済期日（X6年11月30日）に支払うことになっている。なお、利息は月割計算とする。
7. 保険料の未経過分が¥3,800ある。
8. 家賃の未払分が¥2,500ある。

■ 解答欄

決算整理後残高試算表
X6年3月31日

借　方	勘定科目	貸　方
	現　　　　　金	
	当　座　預　金	
	電子記録債権	
	売　掛　金	
	繰　越　商　品	
	(　　　　)保険料	
	建　　　　　物	
	備　　　　　品	
	買　掛　金	
	借　入　金	
	(　　　　)家賃	
	(　　　　)利息	
	(　　　　　　)	
	建物減価償却累計額	
	備品減価償却累計額	
	資　本　金	
	繰越利益剰余金	
	売　　　　　上	
	受　取　手　数　料	
	雑 (　　　　　)	
	仕　　　　　入	
	給　　　　　料	
	消　耗　品　費	
	支　払　家　賃	
	支　払　地　代	
	保　険　料	
	貸倒引当金繰入	
	減　価　償　却　費	
	支　払　利　息	

解答・解説　決算整理後残高試算表の作成

決算整理後残高試算表
X6年３月31日

借　方	勘定科目	貸　方
84,000	現　　　　　金	
197,000	当　座　預　金	
164,000	電子記録債権	
76,000	売　　掛　　金	
12,000	繰　越　商　品	
3,800	（前払）保険料	
750,000	建　　　　　物	
65,000	備　　　　　品	
	買　　掛　　金	33,600
	借　　入　　金	120,000
	（未払）家賃	2,500
	（未払）利息	1,600
	（貸倒引当金）	7,200
	建物減価償却累計額	130,500
	備品減価償却累計額	46,700
	資　　本　　金	500,000
	繰越利益剰余金	400,000
	売　　　　　上	477,000
	受取手数料	17,700
	雑　（　益　）	800
166,000	仕　　　　　入	
109,000	給　　　　　料	
13,500	消　耗　品　費	
24,500	支　払　家　賃	
10,800	支　払　地　代	
20,200	保　　険　　料	
6,000	貸倒引当金繰入	
34,200	減　価　償　却　費	
1,600	支　払　利　息	
1,737,600		1,737,600

模擬配点：■■×３点（ただし、貸倒引当金と雑益のみ４点）

1．現金過不足の整理

(1) 決算整理事項

「現金過不足」勘定は仮勘定であるため、財務諸表には計上できません。よって、決算日において原因不明な場合、「現金過不足」勘定を取り崩し、「雑益」勘定（収益）または「雑損」勘定（費用）を計上します。前T/Bの現金過不足は貸方残高であるため期中では下記の仕訳が行われたことを意味します。

〈期中仕訳（現金超過額の発生）〉

(借)	現金	10,600	(貸)	現金過不足	10,600

(2) 決算整理仕訳

(借)	現金過不足	10,600	(貸)	受取手数料	9,800
				雑益	800

(3) 解答の金額

受取手数料：前T/B7,900＋決算整理9,800＝17,700

雑　益：決算整理800

2．売上原価の算定

(1) 決算整理事項

いわゆる、「しいくり、くりし」を行い、前T/Bの仕入160,000（仕入高）を売上原価に修正します。また、この決算整理により、「繰越商品」勘定（資産）の金額が期末在庫の金額になります。

(2) 決算整理仕訳

(借)	仕入	18,000	(貸)	繰越商品	18,000※1
(借)	繰越商品	12,000	(貸)	仕入	12,000

※1　期首商品：前T/B繰越商品18,000

(3) 解答の金額

繰越商品：期末商品12,000

仕　入：前T/B仕入160,000＋期首商品18,000－期末商品12,000＝166,000

3．仮受金の整理

(1) 決算整理事項

仮受金16,000の内容が判明したので、適切な勘定である「売掛金」勘定（資産）に振り替えます。なお、この決算整理により、「売掛金」勘定の残高が変動するため、貸倒引当金の計算に影響する点に注意しましょう。

(2) 決算整理仕訳

(借) 仮受金	16,000	(貸) 売掛金	16,000

(3) 解答の金額

売掛金：前T/B92,000－決算整理16,000＝76,000

仮受金：前T/B16,000－内容判明16,000＝0

4．減価償却

(1) 決算整理事項

問題文の指示に従い、減価償却費を計算します。

(2) 決算整理仕訳

(借) 減価償却費	22,500※1	(貸) 建物減価償却累計額	22,500
(借) 減価償却費	11,700※2	(貸) 備品減価償却累計額	11,700

※1　減価償却費（建物）：前T/B建物750,000×90％÷30年＝22,500

※2　減価償却費（備品）：前T/B備品65,000×90％÷5年＝11,700

(3) 解答の金額

建物減価償却累計額：前T/B108,000＋決算整理22,500＝130,500

備品減価償却累計額：前T/B35,000＋決算整理11,700＝46,700

減価償却費：建物22,500＋備品11,700＝34,200

5．貸倒引当金の設定

(1) 決算整理事項

問題文の指示に従い、貸倒引当金を設定します。貸倒引当金繰入の金額は差額補充法により算定するため、前T/Bの貸倒引当金の金額を確認するようにしましょう。なお、仮受金で修正した売掛金はもう存在せず、翌期に貸倒れる可能性がないため、貸倒引当金は仮受金整理後の売掛金76,000（すなわち、売掛金の後T/B計上額）に対して設定することになります。

(2) 決算整理仕訳

(借) 貸倒引当金繰入	6,000※1	(貸) 貸倒引当金	6,000

※1　貸倒引当金繰入：(前T/B電子記録債権164,000＋仮受金整理後売掛金76,000)×3％－前T/B貸倒引当金1,200＝6,000

(3) 解答の金額

貸倒引当金：前T/B1,200＋決算整理6,000＝7,200

または、(前T/B電子記録債権164,000＋仮受金整理後売掛金76,000)×3％＝7,200※1

貸倒引当金繰入：決算整理6,000

※1　決算整理後の貸倒引当金の金額は貸倒見積高となるため、売上債権の金額に実績率3％を乗じることによって計算できる。

6．未払利息

(1)　決算整理事項

当期の12月に借り入れを行っていますが、当期中に利払日が到来していないため、当期の借入期間4ヶ月間（X5.12～X6.3）が未払期間となっており、期中に費用処理していません（前T/Bに支払利息は計上されていない）。よって、その4ヶ月分について「支払利息」勘定（費用）を計上したうえで、「未払利息」勘定（負債）を計上します。

(2)　決算整理仕訳

(借) 支払利息	1,600	(貸) 未払利息	1,600[※1]

※1　未払利息：借入金120,000×4％×4ヶ月（X5.12～X6.3）/12ヶ月＝1,600

(3)　解答の金額

未払利息：決算整理1,600

支払利息：決算整理1,600

または、借入金120,000×4％×4ヶ月（X5.12～X6.3）/12ヶ月＝1,600[※1]

※1　当期の借入期間である4ヶ月分の金額が当期の支払利息の金額となる。

7．前払保険料

(1)　決算整理事項

「保険料の未経過分」は、「保険料を支払ったが、当期に時が経過してない（→翌期分を当期に払った）」ことを意味しています。よって、当期の未経過分を「保険料」勘定（費用）から減額するとともに、翌期に役務の提供を受ける権利として「前払保険料」勘定（資産）を計上します。

(2)　決算整理仕訳

(借) 前払保険料	3,800	(貸) 保険料	3,800

(3)　解答の金額

前払保険料：決算整理仕訳3,800

保険料：前T/B24,000－決算整理3,800＝20,200

8．未払家賃

⑴　決算整理事項

「家賃の未払分」は、「当期に時が経過したが、未払いとなっている（→当期分を当期中に費用処理していない)」ことを意味しています。よって、「支払家賃」勘定（費用）を計上するとともに、未払分を「未払家賃」勘定（負債）に計上します。

⑵　決算整理仕訳

(借) 支払家賃	2,500	(貸) 未払家賃	2,500

⑶　解答の金額

未払家賃：決算整理2,500

支払家賃：前T/B22,000＋決算整理2,500＝24,500

MEMO

3-4 精算表の作成①　　／□　／□　／□

次の資料にもとづいて、解答欄の精算表を完成させなさい。なお、会計期間はX5年1月1日からX5年12月31日である。

〔資料〕決算整理事項

1. 現金の実際手元有高は、¥15,800であった。帳簿残高との不一致の原因は不明である。
2. 売掛金の期末残高に対して3％の貸倒引当金を設定する。差額補充法によること。
3. 期末商品棚卸高は¥30,000である。売上原価は「仕入」の行で計算すること。
4. 建物および備品について定額法により減価償却を行う。ただし、残存価額は建物については取得原価の10%、備品についてはゼロとし、耐用年数は建物については20年、備品については8年とする。
5. 受取利息の未収分が¥980ある。
6. 翌月分の地代の前受分が¥1,500ある。
7. 保険料は、毎年10月1日に向こう1年分¥9,000を前払いしている。
8. 借入金は、X5年8月1日に年利率3％で借り入れたものである。なお、利息は返済期日（X6年7月31日）に元金とともに支払う。利息の期間配分は月割計算による。
9. 給料の未払分が¥3,200ある。

■解答欄

精　算　表

	試算表		修正記入		損益計算書		貸借対照表	
	借方	貸方	借方	貸方	借方	貸方	借方	貸方
現　　　　金	16,000							
当　座　預　金	74,000							
売　　掛　　金	38,000							
繰　越　商　品	35,000							
建　　　　物	200,000							
備　　　　品	20,000							
土　　　　地	80,000							
買　　掛　　金		78,000						
借　　入　　金		150,000						
貸　倒　引　当　金		900						
建物減価償却累計額		9,000						
備品減価償却累計額		10,000						
資　　本　　金		125,000						
繰越利益剰余金		50,000						
売　　　　上		185,000						
受　取　地　代		16,000						
受　取　利　息		6,000						
仕　　　　入	120,000							
給　　　　料	30,000							
保　　険　　料	15,750							
支　払　家　賃	1,150							
	629,900	629,900						
雑（　　　　）								
貸倒引当金繰入								
減　価　償　却　費								
支　払　利　息								
未　収　利　息								
（　　　）地代								
（　　　）保険料								
（　　　）利息								
（　　　）給料								
当期純（　　）								

第3問対策

解答・解説　精算表の作成①

精　算　表

	試算表		修正記入		損益計算書		貸借対照表	
	借方	貸方	借方	貸方	借方	貸方	借方	貸方
現　　　金	16,000			200			15,800	
当座預金	74,000						74,000	
売　掛　金	38,000						38,000	
繰越商品	35,000		30,000	35,000			30,000	
建　　　物	200,000						200,000	
備　　　品	20,000						20,000	
土　　　地	80,000						80,000	
買　掛　金		78,000						78,000
借　入　金		150,000						150,000
貸倒引当金		900		240				1,140
建物減価償却累計額		9,000		9,000				18,000
備品減価償却累計額		10,000		2,500				12,500
資　本　金		125,000						125,000
繰越利益剰余金		50,000						50,000
売　　　上		185,000				185,000		
受取地代		16,000	1,500			14,500		
受取利息		6,000		980		6,980		
仕　　　入	120,000		35,000	30,000	125,000			
給　　　料	30,000		3,200		33,200			
保　険　料	15,750			6,750	9,000			
支払家賃	1,150				1,150			
	629,900	629,900						
雑（損）			200		200			
貸倒引当金繰入			240		240			
減価償却費			11,500		11,500			
支払利息			1,875		1,875			
未収利息			980				980	
（前受）地代				1,500				1,500
（前払）保険料			6,750				6,750	
（未払）利息				1,875				1,875
（未払）給料				3,200				3,200
当期純（利益）					24,315			24,315
			91,245	91,245	206,480	206,480	465,530	465,530

模擬配点：■×３点（ただし、当期純利益の行のみ２点）

1．現金残高の修正

(1) 決算整理事項

決算日に現金過不足が生じ、その原因が判明しなかった場合、「現金」勘定（資産）の残高を実際有高に修正するとともに、「雑益」勘定（収益）または「雑損」勘定（費用）を計上します。今回は、実際有高が不足しているため「雑損」勘定の計上になります。

(2) 決算整理仕訳

(借) 雑　損	200※1	(貸) 現　金	200

※1　雑損：実際有高15,800－前T/B現金16,000＝△200（損）

(3) 解答の金額

	試算表		修正記入		損益計算書		貸借対照表	
	借方	貸方	借方	貸方	借方	貸方	借方	貸方
現　金	16,000			200			15,800	
雑（損）			200		200			

2．貸倒引当金の設定

(1) 決算整理事項

問題文の指示に従い、貸倒引当金を設定します。貸倒引当金繰入の金額は差額補充法により算定するため、前T/Bの貸倒引当金の金額を確認するようにしましょう。

(2) 決算整理仕訳

(借) 貸倒引当金繰入	240※1	(貸) 貸倒引当金	240

※1　貸倒引当金繰入：前T/B売掛金38,000×３％－前T/B貸倒引当金900＝240

(3) 解答の金額

	試算表		修正記入		損益計算書		貸借対照表	
	借方	貸方	借方	貸方	借方	貸方	借方	貸方
貸倒引当金		900		240				1,140
貸倒引当金繰入			240		240			

3．売上原価の算定

⑴　決算整理事項

いわゆる、「しいくり、くりし」を行い、前T/Bの仕入120,000（仕入高）を売上原価に修正します。また、この決算整理により、「繰越商品」勘定（資産）の金額が期末在庫の金額になります。

⑵　決算整理仕訳

（借）仕　　　入	35,000	（貸）繰越商品	35,000※1
（借）繰越商品	30,000	（貸）仕　　　入	30,000

※1　期首商品：前T/B繰越商品35,000

⑶　解答の金額

	試算表		修正記入		損益計算書		貸借対照表	
	借方	貸方	借方	貸方	借方	貸方	借方	貸方
繰越商品	35,000		30,000	35,000			30,000	
仕　　　入	120,000		35,000	30,000	125,000			

4．減価償却

⑴　決算整理事項

問題文の指示に従い、減価償却費を計算します。

⑵　決算整理仕訳

（借）減価償却費	9,000※1	（貸）建物減価償却累計額	9,000
（借）減価償却費	2,500※2	（貸）備品減価償却累計額	2,500

※1　減価償却費（建物）：前T/B建物200,000×90％÷20年＝9,000

※2　減価償却費（備品）：前T/B備品20,000÷８年＝2,500

⑶　解答の金額

	試算表		修正記入		損益計算書		貸借対照表	
	借方	貸方	借方	貸方	借方	貸方	借方	貸方
建物減価償却累計額		9,000		9,000				18,000
備品減価償却累計額		10,000		2,500				12,500
減価償却費			11,500※1		11,500			

※1　減価償却費の欄が１行しかないため、合計する。

減価償却費：建物減価償却費9,000＋備品減価償却費2,500＝11,500

5．未収利息

(1) 決算整理事項

問題文の指示に従って、「未収利息」勘定（資産）を計上します。未収利息は当期経過分が未収であることを意味するため、当期分の受取利息を計上することになります。

(2) 決算整理仕訳

(借) 未 収 利 息	980	(貸) 受 取 利 息	980

(3) 解答の金額

	試 算 表		修正記入		損益計算書		貸借対照表	
	借方	貸方	借方	貸方	借方	貸方	借方	貸方
受 取 利 息		6,000		980		6,980		
未 収 利 息			980				980	

6．前受地代

(1) 決算整理事項

問題文の指示に従って、「前受地代」勘定（負債）を計上します。前受地代は翌期分を前受けした（当期中に翌期分を収益計上した）ことを意味するため、決算整理で当該金額を「受取地代」勘定（収益）から減額します。

(2) 決算整理仕訳

(借) 受 取 地 代	1,500	(貸) 前 受 地 代	1,500

(3) 解答の金額

	試 算 表		修正記入		損益計算書		貸借対照表	
	借方	貸方	借方	貸方	借方	貸方	借方	貸方
受 取 地 代		16,000	1,500			14,500		
（前 受）地 代				1,500				1,500

7．前払保険料

⑴　決算整理事項

保険料は、10月１日に向こう12ヶ月分を一括して支払うため、前T/Bの保険料には翌期の９ヶ月分（X6.1～X6.9）が含まれています。よって、決算整理で当該金額を「保険料」勘定（費用）から減額するとともに、役務提供を受ける権利として「前払保険料」勘定（資産）を計上します。

⑵　決算整理仕訳

(借) 前払保険料	6,750※1	(貸) 保険料	6,750

※１　前払保険料：１年分保険料9,000×９ヶ月（X6.1～X6.9）/12ヶ月＝6,750

⑶　解答の金額

	試算表		修正記入		損益計算書		貸借対照表	
	借方	貸方	借方	貸方	借方	貸方	借方	貸方
保険料	15,750			6,750	9,000			
（前払）保険料			6,750				6,750	

補足

保険料の前T/B計上額

難易度が高い問題の場合、問題文の「¥9,000」が「¥　？　」となることがあります。この場合、前T/Bの保険料15,750から月額保険料を推定することになります。具体的には、当期中の仕訳を月数ベースで考えます。

〈当期中の仕訳〉

(借) 保険料	9ヶ月※1	(貸) 前払保険料	9ヶ月
(借) 保険料	12ヶ月※2	(貸) 現金など	12ヶ月

※１　期首再振替仕訳（X5.1.1）：
前期の決算でも、当期の決算と同様に９ヶ月分の前払保険料を計上しているため、当期首に９ヶ月分を再振替仕訳する。

※２　期中仕訳（X5.10.1）：
当期の10月１日に向こう１年分を支払うため、期中に12ヶ月分を費用計上する。

上記から、前T/Bの保険料は21ヶ月（＝９ヶ月＋12ヶ月）分であることが判明します。よって、月額保険料は750（＝前T/B保険料15,750÷21ヶ月）と計算できます。

この結果、当期の決算整理仕訳の金額6,750（＝月額保険料750×前払分９ヶ月）を求めることができるのです。

8．未払利息

⑴　決算整理事項

利払日は翌期であるため、当期の借入期間5ヶ月間（X5.8 ～ X5.12）が未払期間となっており、期中に費用処理していません（前T/Bに支払利息は計上されてない）。よって、その5ヶ月分について「支払利息」勘定（費用）を計上したうえで、「未払利息」勘定（負債）を計上します。

⑵　決算整理仕訳

(借) 支 払 利 息	1,875	(貸) 未 払 利 息	1,875※1

※1　未払利息：借入金150,000×3％×5ヶ月（X5.8 ～ X5.12）/12ヶ月＝1,875

⑶　解答の金額

	試算表		修正記入		損益計算書		貸借対照表	
	借方	貸方	借方	貸方	借方	貸方	借方	貸方
支 払 利 息			1,875		1,875			
（未払）利息				1,875				1,875

9．未払給料

⑴　決算整理事項

問題文の指示に従って、「未払給料」勘定（負債）を計上します。未払給料は当期分が未払い（当期中に費用計上してない）ことを意味するため、決算整理で当該金額を当期の費用とします。

⑵　決算整理仕訳

(借) 給　　料	3,200	(貸) 未 払 給 料	3,200

⑶　解答の金額

	試算表		修正記入		損益計算書		貸借対照表	
	借方	貸方	借方	貸方	借方	貸方	借方	貸方
給　　料	30,000		3,200		33,200			
（未払）給料				3,200				3,200

10. 当期純利益の算定

(1) 決算整理事項

当期純利益は、損益計算書欄の差額により算定します。また、当期純利益の金額は貸借対照表欄にも記入します。今回は、当期純利益であるため、貸借対照表欄の貸方（資本の増加を意味する）に記入します。

(2) 決算振替仕訳（「損益」勘定から「繰越利益剰余金」勘定への振り替え）

(借) 損　　益	24,315※1	(貸) 繰越利益剰余金	24,315

※1損益：P/L収益総額206,480－P/L費用総額182,165＝24,315

(3) 解答の金額

	試　算　表		修正記入		損益計算書		貸借対照表	
	借方	貸方	借方	貸方	借方	貸方	借方	貸方
当期純（利益）					24,315			24,315

3-5 精算表の作成②（推定問題）　／□　／□　／□

精算表の勘定科目欄の（　　　）内に適当な勘定科目を記入の上、未記入分について適当な金額を記入して精算表を完成させなさい。

■解答欄

精　算　表

	試算表		修正記入		損益計算書		貸借対照表	
	借方	貸方	借方	貸方	借方	貸方	借方	貸方
現金	7,000						6,600	
当座預金							108,800	
売掛金							60,000	
繰越商品			27,000	24,000				
貸付金							43,600	
建物							100,000	
備品							40,000	
買掛金								51,400
借入金								60,000
貸倒引当金								1,800
建物減価償却累計額								63,000
備品減価償却累計額		18,000						21,600
資本金								100,000
繰越利益剰余金								
売上						352,800		
受取利息						1,000		
仕入	219,600							
給料					64,000			
支払地代	26,400				28,800			
保険料	8,000							
支払利息					2,400			
雑損					1,000			
貸倒引当金繰入					1,000			
減価償却費					6,600			
未収利息							400	
（　　　）地代								
前払保険料							2,000	
未払利息								800
当期純（　　）								

解答・解説 精算表の作成②（推定問題）

精 算 表

	試算表		修正記入		損益計算書		貸借対照表	
	借方	貸方	借方	貸方	借方	貸方	借方	貸方
現金	7,000			400			6,600	
当座預金	108,800						108,800	
売掛金	60,000						60,000	
繰越商品	24,000		27,000	24,000			27,000	
貸付金	43,600						43,600	
建物	100,000						100,000	
備品	40,000						40,000	
買掛金		51,400						51,400
借入金		60,000						60,000
貸倒引当金		800		1,000				1,800
建物減価償却累計額		60,000		3,000				63,000
備品減価償却累計額		18,000		3,600				21,600
資本金		100,000						100,000
繰越利益剰余金		60,000						60,000
売上		352,800				352,800		
受取利息		600		400		1,000		
仕入	219,600		24,000	27,000	216,600			
給料	64,000				64,000			
支払地代	26,400		2,400		28,800			
保険料	8,000			2,000	6,000			
支払利息	1,600		800		2,400			
雑損	600		400		1,000			
	703,600	703,600						
貸倒引当金繰入			1,000		1,000			
減価償却費			6,600		6,600			
未収利息			400				400	
（未払）地代				2,400				2,400
前払保険料			2,000				2,000	
未払利息				800				800
当期純（利益）					27,400			27,400
			64,600	64,600	353,800	353,800	388,400	388,400

模擬配点：■×３点（ただし、未払地代と当期純利益の行のみ４点）

本問は、精算表の一部が埋まっており、その金額から他の欄の金額を推定する問題です。精算表の推定問題では、決算整理の知識と精算表の構造の理解をもとに空欄を埋めていくことになります。なお、決算で新たに生じた科目に着目すると、解きやすいことが多いです。

1．現金、雑損

(1) ポイント

「現金」の試算表欄と貸借対照表欄の金額が異なるため、決算日に現金過不足が生じていることが推定できます。なお、「雑損」は二重線より上にあるため、期中にも生じていることがわかります（期中で生じた現金過不足について、決算日が到来する前に原因調査をあきらめ、雑損に振り替えた）。

(2) 精算表

	試算表		修正記入		損益計算書		貸借対照表	
	借方	貸方	借方	貸方	借方	貸方	借方	貸方
現　　金	7,000			① 400			6,600	
雑　　損	③ 600		② 400		1,000			

① 「現金」の試算表欄7,000が貸借対照表欄では6,600と400減少しているため、修正記入欄の貸方に400となります。

② 上記①から下記の決算整理仕訳が推定できるため、「雑損」の修正記入欄の借方に400と記入します。

(借) 雑　　損	② 400	(貸) 現　　金	① 400

③ 上記②により「雑損」の修正記入欄と損益計算書欄が埋まったため、試算表欄の金額を逆算により算定することができます。

2．貸倒引当金、貸倒引当金繰入

(1) ポイント

貸倒引当金繰入は決算で新たに生じる項目なので、この点に着目します。

(2) 精算表

	試 算 表		修正記入		損益計算書		貸借対照表	
	借方	貸方	借方	貸方	借方	貸方	借方	貸方
貸 倒 引 当 金		③ 800		② 1,000				1,800
貸倒引当金繰入			① 1,000		1,000			

① 「貸倒引当金繰入」の損益計算書欄1,000から修正記入欄の借方が1,000と判明します。

② 上記①から下記の決算整理仕訳が推定できるため、「貸倒引当金」の修正記入欄の貸方に1,000と記入します。

(借) 貸倒引当金繰入	① 1,000	(貸) 貸 倒 引 当 金	② 1,000

③ 上記②により「貸倒引当金」の修正記入欄と貸借対照表欄が埋まったため、試算表欄の金額を逆算により算定することができます。

3. 繰越商品、仕入

(1) ポイント

繰越商品と仕入の決算整理仕訳では、いわゆる、「しいくり、くりし」を行うため、この点に着目します。

(2) 精算表

	試 算 表		修正記入		損益計算書		貸借対照表	
	借方	貸方	借方	貸方	借方	貸方	借方	貸方
繰 越 商 品	24,000		27,000	24,000			③ 27,000	
仕 入	219,600		① 24,000	② 27,000	④ 216,600			

①,② 「繰越商品」の修正記入欄から下記の決算整理仕訳が推定できるため、「仕入」の修正記入欄の借方と貸方に金額を記入します。

(借) 仕 入	① 24,000	(貸) 繰 越 商 品	24,000
(借) 繰 越 商 品	27,000	(貸) 仕 入	27,000

③ 上記②より商品の期末在庫の金額は27,000と判明するため、「繰越商品」の貸借対照表欄に27,000と記入します。

④ 上記①と②により「仕入」の試算表欄と修正記入欄が埋まったため、損益計算書欄の金額を算定することができます。

4．建物減価償却累計額、備品減価償却累計額、減価償却費

(1) ポイント

減価償却費は決算で新たに生じる項目なので、この点に着目します。また、建物減価償却累計額と備品減価償却累計額があることから、減価償却費の金額には建物から生じた金額と備品から生じた金額の２つが合計されている点に留意しましょう。

(2) 精算表

	試算表		修正記入		損益計算書		貸借対照表	
	借方	貸方	借方	貸方	借方	貸方	借方	貸方
建物減価償却累計額		④ 60,000		③ 3,000				63,000
備品減価償却累計額		18,000		② 3,600				21,600
減価償却費			① 6,600		6,600			

① 「減価償却費」の損益計算書欄6,600から修正記入欄の借方が6,600と判明します。

② 「備品減価償却累計額」の試算表欄18,000が貸借対照表欄では21,600と3,600増加しているため、修正記入欄の貸方に3,600を記入します。

③ 上記①と②から下記の決算整理仕訳が推定できます。なお、建物減価償却累計額の金額は仕訳の貸借差額で算定します。

(借) 減価償却費	① 6,600	(貸)	建物減価償却累計額	③ 3,000
			備品減価償却累計額	② 3,600

④ 上記③により「建物減価償却累計額」の修正記入欄欄と貸借対照表欄が埋まったため、試算表欄の金額を逆算により算定することができます。

5．未収利息と受取利息

(1) ポイント

未収利息は決算で新たに生じる項目なので、この点に着目します。

(2) 精算表

	試算表		修正記入		損益計算書		貸借対照表	
	借方	貸方	借方	貸方	借方	貸方	借方	貸方
受取利息		③ 600		② 400		1,000		
未収利息			① 400				400	

① 「未収利息」の貸借対照表欄400から修正記入欄の借方が400と判明します。

② 上記①から下記の決算整理仕訳が推定できるため、「受取利息」の修正記入欄の貸方に400と記入します。

(借) 未収利息 ① 400	(貸) 受取利息 ② 400

③ 上記②により「受取利息」の修正記入欄と損益計算書欄が埋まったため、試算表欄の金額を逆算により算定することができます。

6. 支払地代と未払地代

(1) ポイント

地代の内、「(　　) 地代」に関しては情報がないため、支払地代の方に着目します。

(2) 精算表

	試算表		修正記入		損益計算書		貸借対照表	
	借方	貸方	借方	貸方	借方	貸方	借方	貸方
支払地代	26,400		① 2,400		28,800			
(未払) 地代				② 2,400				③ 2,400

① 「支払地代」の試算表欄26,400が損益計算書欄では28,800と2,400増加しているため、修正記入欄の借方に2,400となります。

② 上記①から下記の決算整理仕訳が推定できるため、「未払地代」の修正記入欄の貸方に2,400と記入します。なお、費用に関する経過勘定は、「未払地代」勘定(負債)か「前払地代」勘定(資産)のどちらかであり、今回は貸方なので、負債の増加として未払地代となります。

(借) 支払地代 ① 2,400	(貸) 未払地代 ② 2,400

③ 上記②により「未払地代」の修正記入欄が埋まったため、その金額を貸借対照表欄にも記入します。

7．保険料と前払保険料

(1) ポイント

前払保険料は決算で新たに生じる項目なので、この点に着目します。

(2) 精算表

	試 算 表		修正記入		損益計算書		貸借対照表	
	借方	貸方	借方	貸方	借方	貸方	借方	貸方
保　険　料	8,000			② 2,000	③ 6,000			
前払保険料			① 2,000				2,000	

① 「前払保険料」の貸借対照表欄2,000から修正記入欄の借方が2,000と判明します。

② 上記①から下記の決算整理仕訳が推定できるため、「保険料」の修正記入欄の貸方に2,000と記入します。

(借) 前払保険料	① 2,000	(貸) 保　険　料	② 2,000

③ 上記②により「保険料」の修正記入欄と試算表欄が埋まったため、損益計算書欄の金額を算定することができます。

8．支払利息と未払利息

(1) ポイント

未払利息は決算で新たに生じる項目なので、この点に着目します。

(2) 精算表

	試 算 表		修正記入		損益計算書		貸借対照表	
	借方	貸方	借方	貸方	借方	貸方	借方	貸方
支払利息	③ 1,600		② 800		2,400			
未払利息				① 800				800

① 「未払利息」の貸借対照表欄800から修正記入欄の貸方が800と判明します。

② 上記①から下記の決算整理仕訳が推定できるため、「支払利息」の修正記入欄の借方に800と記入します。

(借) 支払利息	② 800	(貸) 未払利息	① 800

③ 上記②により「支払利息」の修正記入欄と損益計算書欄が埋まったため、試算表欄の金額を算定することができます。

9．その他

⑴　決算整理仕訳に関係のない勘定科目（上記以外の勘定科目）は、試算表から損益計算書または貸借対照表へ、損益計算書または貸借対照表から試算表へ転記します。

⑵　繰越利益剰余金については、試算表欄の貸借差額により算定します。具体的には、上記までのすべての金額を試算表欄に記入すると、借方合計が703,600と算定できます。よって、貸借差額により繰越利益剰余金は60,000と判明します。

勘定科目	試算表	
	借　方	貸　方
現　　　　金	7,000	
繰越利益剰余金		60,000
雑　　　　損	600	
	703,600	703,600

⑶　当期純利益は、通常の精算表と同じように損益計算書欄の貸借差額により算定します。また、 その金額は、貸借対照表欄にも記入します（本問は当期純利益なので、貸方に記入）。

模擬試験　解答解説

第1回模擬試験 解答解説

※模範解答では、仕訳がわかりやすいように勘定科目も記入しています。

第1問（45点）

	仕訳			
	借方科目	金額	貸方科目	金額
1	ウ（旅費交通費）	18,500	オ（未払金）	18,500
2	ウ（備品）	510,000	イ（当座預金）	200,000
			ア（未払金）	310,000
3	ウ（前払金）	230,000	カ（当座預金）	230,000
4	ウ（所得税預り金）	30,000	オ（現金）	30,000
5	ウ（仕入）	387,500	イ（買掛金）	418,500
	ア（仮払消費税）	31,000		
6	イ（未収入金）	700,000	ウ（車両運搬具）	1,000,000
	エ（減価償却累計額）	225,000		
	カ（固定資産売却損）	75,000		
7	イ（貸倒引当金）	300,000	オ（売掛金）	450,000
	ア（貸倒損失）	150,000		
8	オ（差入保証金）	400,000	イ（当座預金）	600,000
	エ（支払手数料）	200,000		
9	カ（当座預金）	1,285,000	ウ（手形借入金）	1,300,000
	ア（支払利息）	15,000		
10	オ（現金）	3,000,000	ウ（資本金）	3,000,000
11	オ（現金）	3,219,000	ウ（貸付金）	3,000,000
			ア（受取利息）	219,000
12	エ（土地）	10,350,000	イ（当座預金）	10,000,000
			カ（現金）	350,000
13	イ（電子記録債権）	200,000	カ（売掛金）	200,000
14	ア（繰越利益剰余金）	330,000	イ（未払配当金）	300,000
			エ（利益準備金）	30,000
15	ウ（前受金）	150,000	ア（売上）	400,000
	イ（売掛金）	250,000	エ（現金）	3,000
	カ（支払運賃）	3,000		

仕訳一組につき各3点（合計45点）

第2問（20点）

(1)

帳簿の名称	ケ

仕　　訳

取引日		借方科目	金額	貸方科目	金額
3	10	ウ（受取手形）	350,000	エ（売掛金）	350,000
4	15	ウ（受取手形）	400,000	キ（売上）	400,000
5	20	イ（当座預金）	350,000	ウ（受取手形）	350,000
5	24	ア（普通預金）	400,000	ウ（受取手形）	400,000

帳簿の名称及び仕訳一組につき各２点（合計10点）

(2)

①	18,000	②	652,000	③	ウ	④	165,000	⑤	イ

各２点（合計10点）

第3問（35点）

貸借対照表

X4年３月31日　　　　（単位：円）

現金		350,500	買掛金	300,000
普通預金		469,000	社会保険料預り金	16,000
売掛金	510,000		借入金	293,000
貸倒引当金	△ 10,200	499,800	（未払）費用	16,000
商品		140,000	未払法人税等	48,000
（前払）費用		3,000	資本金	550,000
（未収）収益		9,000	繰越利益剰余金	1,968,300
建物	1,200,000			
減価償却累計額	△ 180,000	1,020,000		
土地		700,000		
		3,191,300		3,191,300

損益計算書

X3年4月1日からX4年3月31日　　(単位：円)

借方科目	金額	貸方科目	金額
売上原価	2,093,000	売上高	3,300,000
給料	350,000	受取地代	47,000
広告宣伝費	180,000	雑益	18,500
保険料	9,000		
水道光熱費	68,000		
支払家賃	136,000		
貸倒引当金繰入	4,200		
減価償却費	60,000		
法人税等	98,000		
当期純利益	367,300		
	3,365,500		3,365,500

色つき部分一つにつき各2点、ただし当期純利益のみ3点（合計35点）

解説

第1問

1．旅費交通費の発生

出張費用に関する勘定科目は、「旅費交通費」勘定（費用）で処理します。また、貸方は問題文の指示に従い、「未払金」勘定（負債）とします。継続的な役務提供期間の途中で決算日が到来したわけではないので、経過勘定（「未払旅費交通費」勘定）では処理しない点に注意して下さい。

2．備品の購入

事務用の大型デスクは、「備品」勘定（資産）の増加とします。なお、送料は付随費用であるため、備品の取得原価に含める点に注意しましょう。また、未払となっている金額は、商品売買以外の債務であるため、「未払金」勘定（負債）で処理します。

3．手付金の支払い

支払った手付金は、商品を受け取る権利として「前払金」勘定（資産）で処理します。まだ商品は受け取っていないため、「仕入」勘定（費用）としない点に注意しましょう。

4．源泉徴収した所得税の納付

源泉徴収した所得税の金額は、給料の支給時に「所得税預り金」勘定（負債）で処理しています。よって、納付時には「所得税預り金」勘定を取り消します。

5．商品の仕入（消費税あり）

「仕入」勘定（費用）の発生額は税抜価格とし、消費税分は「仮払消費税」勘定（資産）で処理します。

仕訳の金額 仕入：合計額418,500－消費税31,000＝387,500

6．車両の売却

固定資産を売却した場合、「減価償却累計額」勘定（資産の控除項目）も減少させます。なお、「減価償却累計額」勘定の減少は、借方に記帳する点に注意しましょう。また、固定資産売却損益は売却額と帳簿価額の差額により算定します。

仕訳の金額 固定資産売却損：売却額700,000－帳簿価額775,000※1＝△75,000（損）

※1　帳簿価額：取得原価1,000,000－減価償却累計額225,000＝775,000

7．貸倒処理

貸倒れた売掛金は前期販売分の売掛金であるため、「貸倒引当金」勘定（資産の控除項目）を補填したうえで、不足分について「貸倒損失」勘定（費用）とします。

仕訳の金額 貸倒損失：貸倒高450,000－貸倒引当金300,000＝150,000

8．敷金と仲介手数料の支払い

敷金は「差入保証金」勘定（資産）で処理し、仲介手数料は「支払手数料」勘定（費用）で処理します。

仕訳の金額 差入保証金：家賃200,000×２ヶ月＝400,000
支払手数料：家賃200,000×１ヶ月＝200,000

9．手形による借り入れ

約束手形を振り出して資金を借り入れた場合、「手形借入金」勘定（負債）で処理します。「支払手形」勘定（負債）としない点に注意しましょう。

仕訳の金額 当座預金：借入額1,300,000－支払利息15,000＝1,285,000

10．株式の発行

株主から払い込みを受けた場合、元手の増加として、「資本金」勘定（資本）の増加とします。

仕訳の金額 資本金：100株×@30,000＝3,000,000

11. 貸付金の回収

受け取った金額のうち、元金部分は「貸付金」勘定（資産）の減少として処理し、利息部分は「受取利息」勘定（収益）で処理します。

仕訳の金額 受取利息：貸付金3,000,000×7.3％＝219,000

12. 土地の購入

土地の購入手数料は付随費用であるため、土地の取得原価に含める点に注意しましょう。

13. 電子記録債権

発生記録の請求により売掛金が電子記録債権に変わるため､「売掛金」勘定（資産）を減少させ､「電子記録債権」勘定（資産）を増加させます。

14. 利益剰余金の配当および処分

配当金は「未払配当金」勘定（負債）の増加とし、利益準備金の積立は「利益準備金」勘定（資本）の増加とします。決議した段階では、配当金は支払っていないため、負債の増加とする点に注意しましょう。

15. 商品の売上（手付金、付随費用あり）

手付金部分は「前受金」勘定（負債）を減少させ、残額を「売掛金」勘定（資産）の増加とします。また、発送運賃は売上諸掛りであるため、費用（本問では「支払運賃」勘定）で処理します。

第2問

⑴ 補助簿

帳簿名については、摘要欄に売掛金とあることや、てん末に「取立」とあることから､支払手形記入帳ではなく受取手形記入帳であることがわかります。帳簿内の｢支払人」「支払場所」等の文字から支払手形記入帳と間違えないように注意しましょう。

３月10日と４月15日については摘要欄から受取手形の相手勘定が分かります。また、５月20日と５月24日はてん末欄の記入に基づき仕訳を行います。

⑵ 勘定記入

本問は、剰余金の配当の仕訳と決算振替仕訳に関する勘定記入の問題です。❶、❷…の順番で埋めていきましょう。また、勘定だけではイメージがしづらい場合は、仕訳を書いて考えるのがオススメです。

1．勘定

利益準備金

日付	摘要	金額	日付	摘要	金額
3/31	次期繰越	❶ 68,000	4/1	前期繰越	50,000
			6/19	繰越利益剰余金	❷ 18,000
		68,000			68,000

繰越利益剰余金

日付	摘要	金額	日付	摘要	金額
6/19	利益準備金	❸ 18,000	4/1	前期繰越	685,000
〃	未払配当金	180,000	3/31	損益	❺ 165,000
3/31	次期繰越	❻ 652,000			
		850,000			850,000

損　益

日付	摘要	金額	日付	摘要	金額
3/31	仕入	594,000	3/31	売上	990,000
〃	給料	150,000			
〃	法人税、住民税及び事業税	81,000			
〃	繰越利益剰余金	❹ 165,000			
		990,000			990,000

❶ 借方合計68,000から、次期繰越68,000が判明する。

❷ 貸借差額により算定する。

❸「利益準備金」勘定の❷と同額となるため（下記、仕訳参照)、18,000となる。

❹ 貸借差額により算定する。

❺「損益」勘定の❹と同額となるため（下記、仕訳参照)、165,000となる。

❻ 貸借差額により算定する。

2．仕訳

日付		借方科目	金額		貸方科目	金額
6/19	(借)	繰越利益剰余金	198,000	(貸)	利益準備金	18,000
					未払配当金	180,000
3/31	(借)	売上	990,000	(貸)	損益	990,000
	(借)	損益	825,000	(貸)	仕入	594,000
					給料	150,000
					法人税、住民税及び事業税	81,000
	(借)	損益	165,000	(貸)	繰越利益剰余金	165,000

第3問

1．雑益の計上

(1) 決算整理仕訳

(借) 現　　　金	18,500	(貸) 雑　　　益	18,500

※実際有高の方が多いため雑益勘定を計上する。

(2) 財務諸表計上額

現金：実際有高350,500

雑益：決算整理18,500

2．当座借越

(1) 決算整理仕訳

(借) 当 座 預 金	200,000	(貸) 借　入　金	200,000

※当座預金のマイナス残高（貸方残高）は、決算整理仕訳により、借入金（または当座借越）勘定に振り替える必要がある。

(2) 財務諸表計上額

借入金：前T/B93,000＋決算整理200,000＝293,000

3．未記帳

(1) 決算整理仕訳

(借) 普 通 預 金	30,000	(貸) 売　掛　金	30,000

(2) 財務諸表計上額

普通預金：前T/B439,000＋決算整理30,000＝469,000

売掛金：前T/B540,000－決算整理30,000＝510,000

4．貸倒引当金の設定

(1) 決算整理仕訳

(借) 貸倒引当金繰入	4,200	(貸) 貸 倒 引 当 金	4,200

※上記「3．未記帳」考慮後の「売掛金」勘定の残高は510,000となっている点に留意すること。

貸倒引当金繰入：売掛金510,000×２％－前T/B貸倒引当金6,000＝4,200

(2) 財務諸表計上額

貸倒引当金：売掛金510,000×２％＝10,200

または、前T/B6,000＋決算整理4,200＝10,200

貸倒引当金繰入：決算整理4,200

5．売上原価の算定

⑴　決算整理仕訳

(借)	仕　　　入	153,000※	(貸)	繰越商品	153,000
(借)	繰越商品	140,000	(貸)	仕　　　入	140,000

※期首在庫：前T/B繰越商品153,000

⑵　財務諸表計上額

商品：期末在庫140,000

売上原価：前T/B仕入2,080,000＋期首在庫153,000－期末在庫140,000＝2,093,000

※決算整理後の「仕入」勘定の残高は売上原価を意味するため、損益計算書では「売上原価」として表示する点に留意すること。

6．減価償却

⑴　決算整理仕訳

(借)	減価償却費	60,000	(貸)	減価償却累計額	60,000

※減価償却費：前T/B建物1,200,000（取得原価）÷20年＝60,000

⑵　財務諸表計上額

減価償却累計額：前T/B120,000＋決算整理60,000＝180,000

減価償却費：決算整理60,000

7．前払保険料

⑴　決算整理仕訳

(借)	前払保険料	3,000	(貸)	保　険　料	3,000

※前払保険料：前T/B保険料12,000×３ヶ月/12ヶ月＝3,000

⑵　財務諸表計上額

前払費用：決算整理3,000（前払保険料）

※「前払保険料」勘定は、貸借対照表では「前払費用」として表示する点に留意すること。

保険料：前T/B保険料12,000×９ヶ月/12ヶ月＝9,000

または、前T/B保険料12,000－決算整理3,000＝9,000

8．未収地代

(1) 決算整理仕訳

(借) 未 収 地 代	9,000	(貸) 受 取 地 代	9,000

(2) 財務諸表計上額

未収収益：決算整理9,000（未収地代）

※「未収地代」勘定は、貸借対照表では「未収収益」として表示する点に留意すること。
受取地代：前T/B38,000＋決算整理9,000＝47,000

9．未払家賃

(1) 決算整理仕訳

(借) 支 払 家 賃	16,000	(貸) 未 払 家 賃	16,000

(2) 財務諸表計上額

未払費用：決算整理16,000（未払家賃）

※「未払家賃」勘定は、貸借対照表では「未払費用」として表示する点に留意すること。
支払家賃：前T/B120,000＋決算整理16,000＝136,000

10．法人税等

(1) 決算整理仕訳

(借) 法 人 税 等	98,000	(貸) 仮払法人税等	50,000
		未払法人税等	48,000

※確定した法人税等を費用として計上し、「仮払法人税等」勘定の額（中間申告額）を差し引いた残額を、「未払法人税等」勘定として負債に計上する。

(2) 財務諸表計上額

未払法人税等：決算整理48,000

法人税等：決算整理98,000

11．当期純利益及び繰越利益剰余金の金額

当期純利益：P/L貸借差額367,300

繰越利益剰余金：前T/B1,601,000＋当期純利益367,300＝1,968,300

第2回模擬試験 解答解説

※模範解答では、仕訳がわかりやすいように勘定科目も記入しています。

第1問（45点）

	仕訳			
	借方科目	金額	貸方科目	金額
1	カ（当座預金）	300,000	ウ（仮受金）	300,000
2	ウ（買掛金）	84,000	オ（仕入）	84,000
3	ウ（当座預金A銀行）	100,000	オ（現金）	200,000
	エ（当座預金B信用金庫）	100,000		
4	エ（受取商品券）	29,000	ウ（売上）	30,000
	ア（現金）	1,000		
5	エ（通信費）	8,500	カ（受取手数料）	4,000
	オ（支払運賃）	7,500	ア（現金過不足）	17,000
	イ（雑損）	5,000		
6	エ（給料）	700,000	ウ（預り金）	215,000
			カ（現金）	485,000
7	イ（備品）	500,000	カ（現金）	500,000
8	エ（備品）	1,690,000	イ（未払金）	1,690,000
9	オ（クレジット売掛金）	194,000	エ（売上）	200,000
	イ（支払手数料）	6,000		
10	カ（旅費交通費）	28,000	エ（当座預金）	28,000
11	ウ（買掛金）	50,000	オ（普通預金）	50,100
	ア（支払手数料）	100		
12	カ（建物）	600,000	ア（当座預金）	800,000
	ウ（修繕費）	200,000		
13	ウ（仮払法人税等）	344,500	カ（当座預金）	344,500
14	ウ（現金）	100,000	エ（土地）	250,000
	ア（未収入金）	200,000	オ（土地売却益）	50,000
15	ア（現金）	40,000	イ（売掛金）	100,000
	カ（当座預金）	60,000		

仕訳一組につき各3点（合計45点）

第2問（20点）

(1)

取引＼補助簿	現金出納帳	当座預金出納帳	仕入帳	売上帳	商品有高帳	売掛金元帳	買掛金元帳	受取手形記入帳	支払手形記入帳	固定資産台帳	該当なし
1		○		○	○	○					
2						○		○			
3			○		○		○		○		
4			○		○		○				
5										○	

取引一つにつき各2点（合計10点）

(2)

①	2,575	②	ク	③	コ	④	3,100	⑤	キ

各2点（合計10点）

第3問（35点）

貸借対照表

X4年3月31日　（単位：円）

現　　金		70,000	買　掛　金	100,000
受取手形	68,000		借　入　金	150,000
貸倒引当金	△2,040	65,960	未払法人税等	11,000
売　掛　金	75,000		未払消費税	13,900
貸倒引当金	△2,250	72,750	（前受）収益	1,200
商　　品		40,000	資　本　金	80,000
貯　蔵　品		500	繰越利益剰余金	55,110
建　　物	250,000			
減価償却累計額	△117,500	132,500		
備　　品	50,000			
減価償却累計額	△20,500	29,500		
		411,210		411,210

損益計算書

X3年４月１日からX4年３月31日　（単位：円）

費用	金額	収益	金額
売上原価	280,000	売上高	429,000
給料	92,500	受取家賃	4,800
保険料	4,700	雑益	200
租税公課	16,000		
貸倒引当金繰入	2,790		
減価償却費	10,500		
支払利息	6,000		
法人税等	11,000		
当期純利益	10,510		
	434,000		434,000

色つき部分一つにつき貸借対照表各３点、損益計算書各２点（合計35点）

解説

第１問

1．仮受金

内容不明の振込があった場合、「仮受金」勘定（負債）で処理します。

2．仕入戻し

仕入戻しをした場合、「仕入」勘定（費用）を取り消します。

3．複数の銀行口座の管理

問題文の指示に従い、銀行口座を示す勘定科目で処理します。

4．商品券

商品券を受け取った場合、「受取商品券」勘定（資産）で処理します。

5．現金過不足の整理

現金の不足額が判明した時点では、（借）現金過不足　17,000（貸）現　金17,000と仕訳しています。よって、「現金過不足」勘定の取り消しは貸方になります。なお、雑損の金額は仕訳の貸借差額で算定するのがオススメです。

仕訳の金額　雑損：現金過不足17,000－（通信費8,500＋支払運賃7,500－受取手数料4,000）＝5,000

6．源泉徴収

源泉徴収した金額は「預り金」勘定（負債）で処理します。また、給料の支払額485,000を「給料」勘定（費用）の発生額としないように注意しましょう。

7．備品の購入

ラックが販売用であれば商品の仕入とみなして仕訳を行いますが、業務用であるため備品の購入として処理します。

8．備品の購入

事務用のパソコンは、「備品」勘定（資産）の増加とします。なお、設置費用は付随費用であるため、備品の取得原価に含める点に注意しましょう。また、未払となっている金額は、商品売買以外の債務であるため、「未払金」勘定（負債）で処理します。

9．クレジット売掛金

クレジットカード払いで商品を販売した場合、「クレジット売掛金」勘定（資産）で処理します。また、問題文の指示に従い、販売時に手数料を費用として処理します。

仕訳の金額　支払手数料：販売代金200,000×３％＝6,000

10．領収書の処理

「但し　旅客運賃として」とあるので、「旅費交通費」勘定（費用）で処理します。また、当座預金口座から支払っているので、「当座預金」勘定（資産）の減少とします。振込先の口座は関係ないので注意しましょう。

11．買掛金の支払い

手数料が生じているので、預金の減少額は50,100となる点に注意しましょう。なお、手数料は「支払手数料」勘定（費用）で処理します。

12．固定資産の修理

資本的支出ではない金額は収益的支出に該当します。よって、資本的支出600,000は「建物」勘定（資産）の増加とし、残額200,000は収益的支出として「修繕費」勘定（費用）の発生として処理します。

13. 法人税等の中間申告

中間申告は、金額が未確定の支出に該当するため、法人税等の仮払いを意味する「仮払法人税等」勘定（資産）で処理します。

14. 土地の売却

売却金額と土地の取得原価の差額を土地売却損益とします。

仕訳の金額 土地売却益：売却金額300,000－土地250,000＝50,000

15. 売掛金の回収と自己振出小切手の受け取り

自己振出小切手を受け取った場合、当座預金から引き出されなかったことを意味します。よって、「当座預金」勘定（資産）の減少を取り消すために、「当座預金」勘定の増加とします。

第2問

(1) 補助簿

基本的に、仕訳に書かれている勘定科目に対応する補助簿に記帳します。ただし、商品売買については、商品も増減するため、商品有高帳に記帳する点に注意しましょう。なお、4の取引は仕入戻しと推定できます。仕入戻しであっても、倉庫から払い出されることに変わりはないため、商品有高帳に記帳されます。

(2) 文章の穴埋め

1．貯蔵品への振り替え

〈文章〉

商品以外の物品の現状を調査したところ、当期に購入したはがき150枚と切手180枚のうち、はがき25枚と切手10枚が未使用であることが判明した。そのため、¥（①2,575）を（②貯蔵品）勘定へ振り替えた。なお、はがき及び切手は購入時に費用として処理している。また、取得単価ははがきが@¥63、切手が@¥100である。

〈決算整理仕訳（参考）〉

(借) 貯　蔵　品	2,575※	(貸) 通　信　費	2,575

※未使用のはがきや切手は「貯蔵品」勘定（資産）へ振り替える。
貯蔵品：はがき25枚×@63＋切手10枚×@100＝2,575

2．当座借越への振り替え

〈文章〉

当座預金勘定が（③貸方）残高となっている。よって、当座借越勘定に振り替えた。

〈決算整理仕訳（参考）〉

(借) 当座預金	××	(貸) 当座借越	××※

※当座借越はマイナスの当座預金である。よって、貸方残高となっている「当座預金」勘定（資産）を「当座借越」勘定（負債）に振り替える。

3．雑損の計上

〈文章〉

現金実査を行ったところ、現金の実際有高は¥65,000であった。現金の帳簿残高は¥68,400であり、差異について調査したところ支払利息¥300の記帳漏れが判明し、残額は原因不明であったため¥（④3,100）を（⑤雑損）勘定に計上した。

〈決算整理仕訳（参考）〉

(借) 支払利息	300	(貸) 現金	3,400
雑損	3,100※		

※雑損：貸借差額

第3問

1．現金過不足の整理

⑴ 決算整理仕訳

(借) 現金過不足	3,000	(貸) 保険料	2,800※1
		雑益	200※2

※1　保険料が２重計上になっているので、保険料を取り消す。

※2　貸借差額

⑵ 財務諸表計上額

保険料：前T/B7,500－2,800＝4,700

雑益：決算整理200

2．貸倒引当金の設定

(1) 決算整理仕訳

(借) 貸倒引当金繰入	2,790	(貸) 貸 倒 引 当 金	2,790

※（受取手形68,000＋売掛金75,000）×３％－前T/B貸倒引当金1,500＝2,790

(2) 財務諸表計上額

貸倒引当金（受取手形）：受取手形68,000×３％＝△2,040

貸倒引当金（売掛金）：売掛金75,000×３％＝△2,250

貸倒引当金繰入：決算整理2,790

3．売上原価の算定

(1) 決算整理仕訳

(借) 仕　　　入	30,000※	(貸) 繰 越 商 品	30,000
(借) 繰 越 商 品	40,000	(貸) 仕　　　入	40,000

※期首在庫：前T/B繰越商品30,000

(2) 財務諸表計上額

商品：期末在庫40,000

売上原価：前T/B仕入290,000＋期首在庫30,000－期末在庫40,000＝280,000

※決算整理後の「仕入」勘定の残高は「売上原価」を意味するため、損益計算書では売上原価として表示する点に留意すること。

4．減価償却

(1) 決算整理仕訳

(借) 減 価 償 却 費	5,000	(貸) 建物減価償却累計額	5,000※1
(借) 減 価 償 却 費	5,500	(貸) 備品減価償却累計額	5,500※2

※１　建物減価償却累計額：前T/B建物250,000÷50年＝5,000

※２　備品減価償却累計額：期首保有分5,000※3＋期中取得分500※4＝5,500

※３　備品期首保有分：40,000÷８年＝5,000

※４　備品期中取得分：10,000÷５年×３ヶ月/12ヶ月＝500

(2) 財務諸表計上額

建物減価償却累計額：前T/B112,500＋決算整理5,000＝△117,500

備品減価償却累計額：前T/B15,000＋決算整理5,500＝△20,500

減価償却費：建物5,000＋備品5,500＝10,500

5．租税公課（貯蔵品）

⑴ 決算整理仕訳

期首の再振替仕訳が未処理となっているため、再振替仕訳を行ったうえで、決算整理仕訳を行う。

(借) 租税公課	2,000	(貸) 貯蔵品	2,000※
(借) 貯蔵品	500	(貸) 租税公課	500

※再振替仕訳：前T/B貯蔵品2,000

⑵ 財務諸表計上額

貯蔵品：前T/B2,000－再振替2,000＋決算整理500＝500

租税公課：前T/B14,500＋再振替2,000－決算整理500＝16,000

6．前受家賃

⑴ 考え方

7月1日に12ヶ月分（7月～6月）の家賃を受け取っているため、前期の決算において3ヶ月分（X3年4月～X3年6月）の前受家賃（負債）を計上しています。1ヶ月分の家賃が不明なので、月数で仕訳を表すと次のようになります。

〈前期の決算整理仕訳〉

(借) 受取家賃	3ヶ月	(貸) 前受家賃	3ヶ月

以上より、当期に次の仕訳を行っていることがわかります。

〈当期首の再振替仕訳（X3年4月1日）〉

(借) 前受家賃	3ヶ月	(貸) 受取家賃	3ヶ月

※前期の決算整理仕訳の逆仕訳

〈当期の家賃受取時（X3年7月1日）〉

(借) 現金	12ヶ月	(貸) 受取家賃	12ヶ月

よって、決算整理前残高試算表の受取家賃6,000は15ヶ月分（＝再振替仕訳3ヶ月＋当期受取12ヶ月）と判明します。よって、1ヶ月分の家賃は400（＝前T/B受取家賃6,000÷15ヶ月）となります。

⑵ 決算整理仕訳

(借) 受取家賃	1,200	(貸) 前受家賃	1,200

※月額家賃400×3ヶ月＝1,200

(3) 財務諸表計上額

前受収益：決算整理1,200（前受家賃）

※「前受家賃」勘定は、貸借対照表では「前受収益」として表示する点に留意すること。

受取家賃：前T/B6,000－決算整理1,200＝4,800

7．消費税

(1) 決算整理仕訳

(借)	仮受消費税	42,900	(貸)	仮払消費税	29,000
				未払消費税	13,900※

※未払消費税：貸借差額

(2) 財務諸表計上額

未払消費税：決算整理13,900

8．法人税等

(1) 決算整理仕訳

(借)	法人税等	11,000	(貸)	未払法人税等	11,000

(2) 財務諸表計上額

未払法人税等：決算整理11,000

法人税等：決算整理11,000

9．当期純利益及び繰越利益剰余金の金額

当期純利益：P/L貸借差額10,510

繰越利益剰余金：前T/B44,600＋当期純利益10,510＝55,110

第3回模擬試験 解答解説

※模範解答では、仕訳がわかりやすいように勘定科目も記入しています。

第1問（45点）

	仕訳			
	借方科目	金額	貸方科目	金額
1	カ（備品）	200,000	オ（未払金）	200,000
2	ア（減価償却費）	24,000	イ（車両）	720,000
	ウ（減価償却累計額）	432,000	オ（固定資産売却益）	136,000
	エ（現金）	400,000		
3	オ（前受金）	50,000	ア（売上）	305,000
	イ（売掛金）	255,000	エ（現金）	5,000
	カ（発送費）	5,000		
4	ア（貸倒損失）	200,000	オ（受取手形）	200,000
5	イ（従業員立替金）	40,000	カ（現金）	40,000
6	カ（貯蔵品）	6,000	イ（租税公課）	6,000
7	ウ（買掛金）	503,000	イ（売掛金）	503,000
8	ウ（現金）	600,000	ア（役員借入金）	600,000
9	ウ（貸付金）	730,000	イ（当座預金）	713,440
			カ（受取利息）	16,560
10	エ（損益）	157,000	カ（繰越利益剰余金）	157,000
11	カ（売掛金）	82,500	イ（売上）	75,000
			オ（仮受消費税）	7,500
12	ア（備品）	500,000	ウ（現金）	100,000
	オ（消耗品費）	15,000	カ（未払金）	415,000
13	オ（現金）	50,000	イ（売掛金）	9,000
			エ（現金過不足）	41,000
14	ウ（普通預金）	21,000	カ（前受金）	21,000
15	エ（仕入）	15,000	イ（支払手形）	15,000

仕訳一組につき各3点（合計45点）

第2問（20点）

(1)

小口現金出納帳

受入	×4年		摘要	支払	内訳			
					交通費	通信費	消耗品費	雑費
4,800	5	13	前週繰越					
45,200		〃	本日補給					
		〃	タクシー代	6,000	6,000			
		14	郵便切手代	6,900		6,900		
		15	お茶代	3,000				3,000
		16	事務用筆記用具代	10,500			10,500	
		〃	電車の定期券代	15,000	15,000			
		17	電話料金代	4,000		4,000		
		18	葉書代	1,000		1,000		
			合計	46,400	21,000	11,900	10,500	3,000
		18	次週繰越	3,600				
50,000				50,000				
3,600	5	20	前週繰越					
46,400		〃	本日補給					

色つき部分一つにつき各２点（合計10点）

(2)

繰越商品

4/1	前期繰越	75,000	3/31	（仕入）	（75,000）
3/31	（仕入）	（90,000）	3/31	次期繰越	（90,000）
		（165,000）			（165,000）

仕入

	当期仕入高	600,000		当期仕入戻し	30,000
3/31	（繰越商品）	（75,000）	3/31	（繰越商品）	90,000
			3/31	損益	（555,000）
		（675,000）			（675,000）

売上

	当期売上戻り	45,000		当期売上高	840,000
3/31	（損益）	（795,000）			
		（840,000）			（840,000）

損益

3/31	（仕　　入）	（555,000）	3/31	（売　　上）	（795,000）

色つき部分一つにつき各２点（合計10点）

第３問（35点）

精　算　表

勘定科目	試算表		修正記入		損益計算書		貸借対照表	
	借方	貸方	借方	貸方	借方	貸方	借方	貸方
現金	16,600			700			15,900	
当座預金	120,500						120,500	
受取手形	75,000						75,000	
売掛金	100,000						100,000	
繰越商品	17,500		20,000	17,500			20,000	
建物	50,000						50,000	
買掛金		32,000						32,000
借入金		150,000						150,000
貸倒引当金		750		2,750				3,500
減価償却累計額		22,500		2,250				24,750
資本金		100,000						100,000
繰越利益剰余金		57,000						57,000
売上		476,000				476,000		
受取配当金		3,250				3,250		
仕入	210,000		17,500	20,000	207,500			
給料	129,100				129,100			
保険料	56,000			8,000	48,000			
支払家賃	56,000			2,000	54,000			
支払利息	8,400		2,190		10,590			
雑損	2,400		700		3,100			
	841,500	841,500						
貸倒引当金繰入			2,750		2,750			
減価償却費			2,250		2,250			
（前払）家賃			2,000				2,000	
（未払）利息				2,190				2,190
（前払）保険料			8,000				8,000	
当期純（利益）					21,960			21,960
			55,390	55,390	479,250	479,250	391,400	391,400

色つき部分一つにつき各２点、ただし当期純利益の行のみ３点（合計35点）

解説

第1問

1．備品の購入

備品の未払代金は、商品売買以外の債務であるため、「未払金」勘定（負債）で処理します。

2．車両の売却

期中で固定資産を売却した場合、期首から売却日までの減価償却費を月割りにより算定します。なお、月割計算の場合、１日でも使用したら１ヶ月とする点に注意しましょう。

仕訳の金額　減価償却費：取得原価720,000÷耐用年数５年×２ヶ月/12ヶ月
＝24,000

固定資産売却益：売却額400,000－帳簿価額264,000※1＝136,000（益）

※1　帳簿価額：取得原価720,000－（前期末減価償却累計額432,000＋当期減価償却費24,000）＝264,000

3．商品の売上（手付金、付随費用）

得意先への請求総額305,000を売上に計上します。そのうえで、仕訳の借方は手付金部分を「前受金」勘定（負債）の取り崩しとしたうえで、残額を「売掛金」勘定（資産）とします。また、支払った送料は「発送費」勘定（費用）の発生とします。

4．貸倒処理

貸倒れた約束手形は当期販売分の手形であるため、「貸倒引当金」勘定（資産の控除項目）は補填せず、全額を「貸倒損失」勘定（費用）とします。

5．金銭の立替払い

従業員負担の金額を立替払いした場合は、「従業員立替金」勘定（資産）で処理する。

6．貯蔵品の整理

収入印紙は「租税公課」勘定（費用）で処理します。しかし、当期の費用となるのは当期に使用したものに限られるため、決算日時点で未使用分がある場合、「貯蔵品」勘定（資産）に振り替えます。

7．訂正仕訳

会社は誤って（借）現金503,000（貸）買掛金503,000と仕訳をしています。正しくは、仕訳の貸方は売掛金になるべきなので、その点を修正します。

8．役員からの借り入れ

取締役は役員に該当します。そのため、取締役からの借入金は「役員借入金」勘定（負債）で処理します。

9．資金の貸し付け

問題文の指示に従って利息を計算しましょう。

仕訳の金額 受取利息：貸付金730,000×９％×92日/365日＝16,560

10．決算振替仕訳

決算振替仕訳では、「損益」勘定から「繰越利益剰余金」勘定（資本）へ振り替えます。なお、仮に、収益よりも費用の方が多い場合（当期純損失の場合）、仕訳の貸借が逆になります。

仕訳の金額 損益：収益784,000－費用627,000＝157,000

11．商品の販売（消費税あり）

「売上」勘定（収益）の発生額は税抜価格とし、消費税分は「仮受消費税」勘定（負債）で処理します。なお、「上記の合計額を翌月末までに下記口座にお振込下さい。」の文言から、掛け販売であると判断しましょう。

仕訳の金額 売上：合計額82,500－消費税7,500＝75,000

12．備品と消耗品の購入

備品（事務用の大型家具）は資産の増加としますが、消耗品は「消耗品費」勘定（費用）の発生とする点に注意してください。なお、未払となっている金額は、商品売買以外の債務であるため、「未払金」勘定（負債）で処理します。

13．現金過不足の発生と誤記帳

現金勘定の帳簿残高を現金実査額に合わせるために、「現金」勘定（資産）を増加させたうえで、原因となっている誤記帳を修正します。具体的には、売掛金の回収額を9,000少なく記帳していたため、売掛金を9,000減少させます。

仕訳の金額 現金過不足：現金超過50,000－誤記帳9,000＝41,000

14．受け取った小切手をただちに普通預金に入金した場合

小切手を受けとり、これをただちに普通預金に入金した場合、「普通預金」勘定（資産）の増加とします。

15. 約束手形の振出

約束手形を振り出した場合、「支払手形」勘定（負債）で処理します。

第2問

⑴ 補助簿

勘定科目（内訳欄）を間違えずに記入する点がポイントです。また、取引後の小口現金の補給が5/20に行われているので、次週繰越額は補給前の金額となる点に注意しましょう。

⑵ 勘定記入

日付が3/31なので、決算の問題です。具体的には、売上原価を算定するための決算整理仕訳と決算振替仕訳を問う問題です。本問は次のように考えましょう。

① 決算整理仕訳

まず、金額を気にせず決算整理仕訳を書いてみます。

(借)	仕入	(A)	(貸)	繰越商品	(B)
(借)	繰越商品	(C)	(貸)	仕入	(D)

上記の仕訳を転記すると、空欄となっている4箇所の勘定科目が埋まります。

繰越商品

4/1	前期繰越	75,000	3/31	（仕入）	（ B ）
3/31	（仕入）	（ C ）	3/31	次期繰越	（ ）

仕入

	当期仕入高	600,000		当期仕入戻し	30,000
3/31	（繰越商品）	（ A ）	3/31	（繰越商品）	D 90,000

金額に注目すると、期末商品の金額であるDが90,000と判明するため、仕訳の相手勘定であるCも90,000ということがわかります。

対して、AとBですが、これは期首商品の金額です。「繰越商品」勘定の前期繰越高が期首商品の金額を意味するので、AとBは75,000となります。

② 決算振替仕訳

売上の勘定残高を損益勘定の貸方に、仕入の勘定残高を損益勘定の借方に振り替えるため、仕訳は次のようになります。

(借)	売上	（ ）	(貸)	損益	（ ）

(借) 損　　益	(　　)	(貸) 仕　　入	(　　)

金額は、売上勘定の借方２行目と、仕入勘定の貸方３行目をそれぞれ貸借差額により算定します（795,000と555,000）。

よって、損益勘定の貸方が795,000、借方が555,000となります。

第3問

1．雑損の計上

(1) 決算整理仕訳

(借) 雑　　損	700	(貸) 現　　金	700

(2) 財務諸表計上額

現金：前T/B16,600－決算整理700＝15,900

雑損：前T/B2,400＋決算整理700＝3,100

2．貸倒引当金の設定

(1) 決算整理仕訳

(借) 貸倒引当金繰入	2,750	(貸) 貸倒引当金	2,750

※貸倒引当金繰入：（受取手形75,000＋売掛金100,000）×２％－貸倒引当金750＝2,750

(2) 財務諸表計上額

貸倒引当金：前T/B750＋決算整理2,750＝3,500

または、（受取手形75,000＋売掛金100,000）×２％＝3,500

貸倒引当金繰入：決算整理2,750

3．売上原価の算定

(1) 決算整理仕訳

(借) 仕　　入	17,500※	(貸) 繰越商品	17,500
(借) 繰越商品	20,000	(貸) 仕　　入	20,000

※期首在庫：前T/B繰越商品17,500

(2) 財務諸表計上額

繰越商品：期末在庫20,000

仕入：前T/B210,000＋期首在庫17,500－期末在庫20,000＝207,500

4．減価償却

⑴　決算整理仕訳

(借) 減価償却費	2,250	(貸) 減価償却累計額	2,250

※減価償却費：前T/B建物50,000（取得原価）×90%÷20年＝2,250

⑵　財務諸表計上額

減価償却累計額：前T/B22,500＋決算整理2,250＝24,750

減価償却費：決算整理2,250

5．前払保険料

⑴　決算整理仕訳

X3年12月1日に6ヶ月分（X3年12月～X4年5月）を支払っているので、2ヶ月分（X4年4月～X4年5月）の金額は前払いです。よって、2ヶ月分を前払保険料として計上します。

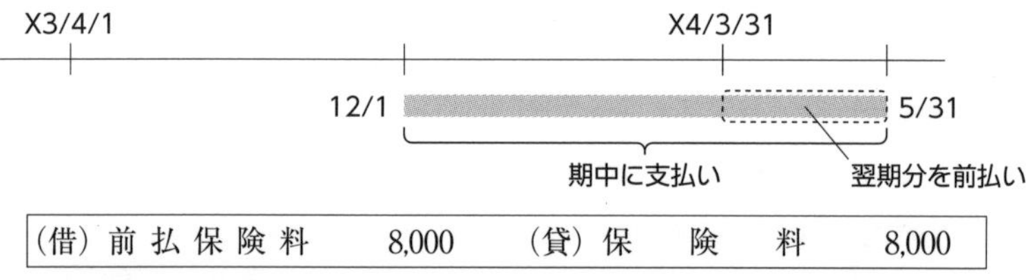

(借) 前払保険料	8,000	(貸) 保険料	8,000

※前払保険料：月額保険料4,000×2ヶ月＝8,000

⑵　財務諸表計上額

前払保険料：決算整理8,000

保険料：前T/B56,000－決算整理8,000＝48,000

または、月額保険料4,000×12ヶ月＝48,000

6．前払家賃

⑴　決算整理仕訳

X3年5月1日に1年分が支払われているので、X4年4月の1ヶ月分の金額が前払いです。

(借) 前払家賃	2,000	(貸) 支払家賃	2,000

※前払家賃：家賃1年分24,000×1ヶ月/12ヶ月＝2,000

⑵　財務諸表計上額

前払家賃：決算整理2,000

支払家賃：前T/B56,000－決算整理2,000＝54,000

7．未払利息

⑴　決算整理仕訳

当期の３ヶ月（X4年１月～ X4年３月）の金額はX4年６月末に支払われるので、当期末現在では未払いとなっています。よって、この３ヶ月に対応する金額を当期の費用に計上します。

（借）支払利息	2,190	（貸）未払利息	2,190

※未払利息：借入金120,000×7.3%×３ヶ月/12ヶ月＝2,190

⑵　財務諸表計上額

未払利息：決算整理2,190

支払利息：前T/B8,400＋決算整理2,190＝10,590

8．当期純利益

当期純利益：損益計算書欄差額21,960

〈編著者紹介〉

CPA会計学院

公認会計士試験資格スクールとして、圧倒的な合格実績を誇る。
創設は昭和43年。わが国で初めて全日制による公認会計士受験指導を始めたスクールとして誕生した。本質が理解できる講義・教材により、全国の学生・社会人から支持を得ている。
創設以来、全国展開をせず、受講生一人ひとりを手厚くするフォローする戦略により、合格者の過半数以上を輩出。
2023年公認会計士試験では全体合格者1,544名の内、786名の合格者の輩出、総合合格1位合格者の輩出など圧倒的な実績を残している。
「CPAラーニング」を通じて、簿記・会計教育の浸透に取り組んでいる。

いちばんわかる
日商簿記3級の問題集　第2版

2021年 3 月 1 日　初版第 1 刷発行
2024年 7 月20日　第 2 版第 1 刷発行

編著者　CPA会計学院

発行者　CPA出版
住所：〒160-0022　東京都新宿区新宿3-14-20 新宿テアトルビル5F
アドレス：cpa-learning@cpa-net.jp
URL：https://www.cpa-learning.com/

発売　サンクチュアリ出版
〒113-0023　東京都文京区向丘2-14-9
電話：03-5834-2507　FAX：03-5834-2508

印刷・製本　シナノ書籍印刷株式会社

ISBN978-4-8014-9412-1

模擬試験

第１回〜第３回

本冊子には、模擬試験の問題及び答案用紙が収録されています。
本冊子外側の色紙を残し、ていねいに抜き取りご利用ください。

別冊の使い方

❶本冊子外側の色紙を残し、本体からていねいに抜き取ってください（図①）。
※色紙は本体から取れません。

❷抜き取った用紙を、針金のついているページでしっかりと開き、工具を使用して、針金を外してください（図②）。
※針金で手指を怪我しないよう、十分お気を付けください。

❸針金を外すと、図③のようになります。各回ごとに分けてお使いください。

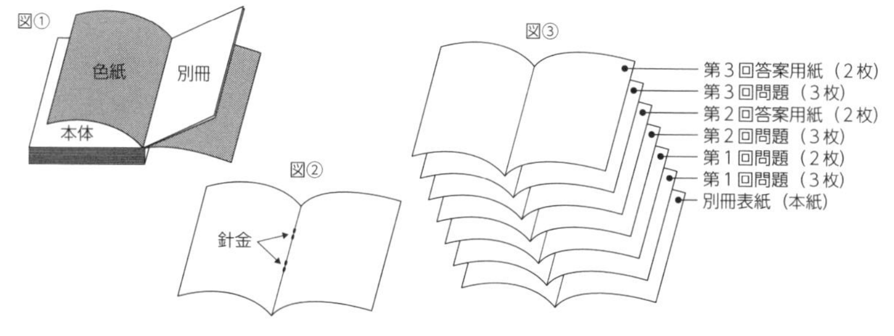

３級

日商簿記検定
第１回　模擬試験
〈問題〉

（制限時間 60分）

第1回模擬試験 問題

制限時間　60分
解答解説　319ページ

第1問（45点）

下記の各取引について仕訳しなさい。ただし、勘定科目は、各取引の下の勘定科目から最も適当と思われるものを選び、記号で解答すること。また、指示がある場合を除き、消費税は考慮しないこととする。

1．従業員が出張から戻り、出張に関する領収書¥18,500を受け取った。そこで、同額をこの従業員に後日支払うこととし、未払金として計上した。

ア．仮払金　イ．現金　ウ．旅費交通費　エ．未払旅費交通費　オ．未払金　カ．現金過不足

2．事務用の大型デスク（購入代価¥500,000、送料¥10,000）を購入し、¥200,000は小切手を振出して支払い、残額は月末に払うこととした。

ア．未払金　イ．当座預金　ウ．備品　エ．現金　オ．仕入　カ．発送費

3．大阪商事から商品¥800,000を仕入れる契約を締結し、手付金として¥230,000について小切手を振出して支払った。なお、残額は商品受取後に支払うこととなっている。

ア．現金　イ．仕入　ウ．前払金　エ．仮払金　オ．買掛金　カ．当座預金

7．得意先愛知商事が破産し、同社に対する前期販売分の売掛金￥450,000はすべて回収不能と予想されたため、貸倒処理した。なお、貸倒引当金の残高は￥300,000であった。

ア．貸倒損失　イ．貸倒引当金　ウ．売上　エ．償却債権取立益　オ．売掛金　カ．貸倒引当金繰入

8．新規出店のためにビルの１階部分を１か月当たり￥200,000にて賃借する契約を結んだ。契約にあたり、敷金（家賃の２ヶ月分）および不動産業者に対する仲介手数料（家賃の１ヶ月分）について、小切手を振り出して支払った。

ア．建物　イ．当座預金　ウ．現金　エ．支払手数料　オ．差入保証金　カ．支払家賃

9．取引銀行から￥1,300,000を借入れ、約束手形を振出した。なお、利息￥15,000を差引かれ、手取金は同行の当座預金口座に振込まれた。

ア．支払利息　イ．支払手形　ウ．手形借入金　エ．資本金　オ．受取利息　カ．当座預金

10．株式会社の設立にあたり、１株当たり￥30,000で株式を100株発行し、出資者より現金を受け取った。なお、払込金額の全額を資本金とする。

ア．繰越利益剰余金　イ．借入金　ウ．資本金　エ．損益　オ．現金　カ．利益準備金

11．取引先神奈川商事に対し、期間１年、利率年7.3％で貸付けた貸付金￥3,000,000を満期日に利息とともに同社振出しの小切手で返済を受けた。

ア．受取利息　イ．支払利息　ウ．貸付金　エ．手形貸付金　オ．現金　カ．当座預金

第2問（20点）

(1) 下記に示したのは、約束手形に関する補助簿である。この帳簿の名称を答え、また、この帳簿に記録されている諸取引を仕訳しなさい。ただし、帳簿の名称および仕訳の勘定科目は、以下から最も適当と思われるものを選び、記号で解答すること。

ア．普通預金　　イ．当座預金　　ウ．受取手形　　エ．売掛金

オ．支払手形　　カ．買掛金　　キ．売　上　　ク．仕　入

ケ．受取手形記入帳　　コ．支払手形記入帳

（　　　　　　　　　　）

X4年		摘要	手形種類	手形番号	支払人	振出日		満期日		支払場所	手形金額	てん末		
						月	日	月	日			月	日	摘要
3	10	売　掛　金	約	15	沖縄商事	3	10	5	20	那覇銀行	350,000	5	20	取立（当座預金）
4	15	売　　　上	約	34	四国商事	4	15	5	24	四国銀行	400,000	5	24	取立（普通預金）

(2) 下記に示した、利益準備金勘定、繰越利益剰余金勘定、損益勘定の①から⑤に当てはまる金額または勘定科目を答えなさい。ただし、勘定科目は、以下の勘定科目から最も適当と思われるものを選び、記号で解答すること。なお、当期はX1年4月1日からX2年3月31日であり、X1年6月19日に定時株主総会を開催している。

ア．利益準備金　　イ．繰越利益剰余金　　ウ．損　益

第3問（35点）

次の〔資料Ⅰ〕と〔資料Ⅱ〕にもとづいて、答案用紙の貸借対照表と損益計算書を作成しなさい。なお、会計期間はX3年４月１日からX4年３月31日までの１年間である。また、日割計算が必要な場合であっても、月割計算するものとする。

〔資料Ⅰ〕決算整理前残高試算表

借方	勘定科目	貸方
332,000	現金	
	当座預金	200,000
439,000	普通預金	
540,000	売掛金	
50,000	仮払法人税等	
153,000	繰越商品	
1,200,000	建物	
700,000	土地	
	買掛金	300,000
	社会保険料預り金	16,000
	借入金	93,000
	貸倒引当金	6,000
	減価償却累計額	120,000
	資本金	550,000

〔資料Ⅱ〕決算整理事項

1．現金の実際有高は￥350,500であったため、帳簿残高との差額について雑損または雑益を計上する。

2．当座預金勘定の貸方残高を借入金勘定に振り替える。なお、取引銀行とは借越限度額を￥300,000とする当座借越契約を結んでいる。

3．売掛金￥30,000が普通預金口座に振り込まれていたが、この取引が未記帳であることが判明した。

4．売掛金の期末残高に対して２％の貸倒引当金を差額補充法により設定する。

5．期末商品棚卸高は￥140,000であった。

6．建物について、以下の条件にもとづき減

第1回模擬試験　答案用紙①

第1問（45点）

	仕訳			
	借方科目	金額	貸方科目	金額
1				
2				
3				
4				

第１回模擬試験 答案用紙②

（前ページより）

	仕	訳		
	借方科目	金額	貸方科目	金額
11				
12				
13				
14				

第１回模擬試験 答案用紙③

第３問（35点）

貸借対照表

X4年３月31日　　（単位：円）

資産			負債・純資産	
現金		(　　)	買掛金	(　　)
普通預金		(　　)	社会保険料預り金	(　　)
売掛金	(　　)		借入金	(　　)
貸倒引当金	△(　　)	(　　)	(　　)費用	(　　)
商品		(　　)	未払法人税等	(　　)
(　　)費用		(　　)	資本金	(　　)
(　　)収益		(　　)	繰越利益剰余金	(　　)
建物	(　　)			
減価償却累計額	△(　　)	(　　)		
土地		(　　)		
		(　　)		(　　)

損益計算書

X3年４月１日からX4年３月31日　　（単位：円）

３級

日商簿記検定
第２回　模擬試験
〈問題〉

（制限時間 60分）

第2回模擬試験 問題

⏱制限時間 60分
📖解答解説 328ページ

第1問（45点）

下記の各取引について仕訳しなさい。ただし、勘定科目は、各取引の下の勘定科目から最も適当と思われるものを選び、記号で解答すること。また、指示がある場合を除き、消費税は考慮しないこととする。

1. 出張中の従業員から¥300,000の当座振込があった。しかし、その内容は不明である。
   ア. 雑益　イ. 仮払金　ウ. 仮受金　エ. 資本金　オ. 未収入金　カ. 当座預金

2. 下関商事から仕入れた商品のうち品違いがあり、返品した。この金額¥84,000は同社に対する買掛金から差引いた。
   ア. 貸倒損失　イ. 繰越商品　ウ. 買掛金　エ. 売上　オ. 仕入　カ. 売掛金

3. A銀行とB信用金庫に当座預金口座を開設し、それぞれの当座預金に現金¥100,000を預け入れた。ただし、管理のために銀行口座ごとに勘定を設定することとした。
   ア. 普通預金　イ. 当座預金　ウ. 当座預金A銀行　エ. 当座預金B信用金庫　オ. 現金　カ. 定期預金

9．北海道商事はクレジットカード払いで￥200,000商品を売り上げた。なお、信販会社の手数料は販売代金の３％であり、販売時に認識する。

ア．現　　　金　イ．支払手数料　ウ．受取商品券　エ．売　　　上　オ．クレジット売掛金　カ．支払利息

10．出張旅費を本人が立て替えて支払っていた従業員Ａ氏が出張から帰社し、下記の領収書を提示してきたので、当社の当座預金口座から従業員の指定する普通預金口座へ振り込んで精算した。

No.1280
X2年12月１日

領　収　書

株式会社熊本物産 様

￥　28,000

但し　旅客運賃として
上記金額を領収致しました。

○○鉄道株式会社（公印省略）
××駅発行　取扱者（捺印省略）

ア．仮　払　金　イ．普通預金　ウ．立　替　金　エ．当座預金　オ．通　信　費　カ．旅費交通費

11．仕入先への買掛金￥50,000を普通預金口座から支払った。なお、振込手数料￥100が同口座から引き落とされた。

ア．支払手数料　イ．仮　払　金　ウ．買　掛　金　エ．仕　　　入　オ．普通預金　カ．支払利息

第2問（20点）

(1)　関東商事では、答案用紙記載の補助簿を用いている。次の仕訳に相当する取引が記帳される補助簿の欄に○印をつけなさい。なお、該当する補助簿がない場合は、該当なしの欄に○印をつけること。

	借方科目	金額	貸方科目	金額
1.	（借）当座預金	500,000	（貸）売上	350,000
			売掛金	150,000
2.	（借）受取手形	300,000	（貸）売掛金	300,000
3.	（借）仕入	150,000	（貸）買掛金	50,000
			支払手形	100,000
4.	（借）買掛金	10,000	（貸）仕入	10,000
5.	（借）土地	80,000	（貸）未払金	80,000

(2)　決算に関する以下の①～⑤に当てはまる語句又は金額を答えなさい。なお、語句は下記に示した〔語群〕から最も適切なものを選択し、記号で解答すること。

〔語群〕

ア．雑益	イ．現金過不足	ウ．通信費	エ．借方
オ．損益	カ．合計	キ．雑損	ク．貯蔵品
ケ．備品	コ．貸方	サ．租税公課	シ．現金

1．商品以外の物品の現状を調査したところ、当期に購入したはがき150枚と切手180枚のうち、は

第3問（35点）

次の〔資料Ⅰ〕と〔資料Ⅱ〕にもとづいて、答案用紙の貸借対照表と損益計算書を作成しなさい。なお、会計期間はX3年4月1日からX4年3月31日までの1年間である。また、日割計算が必要な場合であっても、月割計算するものとする。

〔資料Ⅰ〕決算整理前残高試算表

借方	勘定科目	貸方
70,000	現金	
	現金過不足	3,000
68,000	受取手形	
75,000	売掛金	
30,000	繰越商品	
2,000	貯蔵品	
29,000	仮払消費税	
250,000	建物	
50,000	備品	
	買掛金	100,000
	借入金	150,000
	仮受消費税	42,900
	貸倒引当金	1,500
	建物減価償却累計額	112,500

〔資料Ⅱ〕決算整理事項

1．現金過不足勘定の残高￥3,000について調査したところ、保険料￥2,800の支払いを誤って2回記帳していたことが判明した。残額は不明であるため、雑益勘定または雑損勘定に振り替える。

2．売上債権の期末残高の3％を貸倒見積高として、差額補充法により貸倒引当金を設定する。

3．期末商品棚卸高は、￥40,000である。

4．減価償却

(1)　建物の減価償却は、耐用年数50年、残存価額ゼロ、定額法により行う。

(2)　決算整理前残高試算表の備品のうち、￥10,000はX4年1月10日に取得したもの

第２回模擬試験　答案用紙①

第１問（45点）

	仕訳			
	借方科目	金額	貸方科目	金額
1				
2				
3				
4				

第２回模擬試験　答案用紙②

（前ページより）

	仕訳			
	借方科目	金額	貸方科目	金額
11				
12				
13				
14				

第２回模擬試験　答案用紙③

第３問（35点）

貸借対照表

X4年３月31日　　　　（単位：円）

資産			負債・純資産	
現金		(　　)	買掛金	(　　)
受取手形	(　　)		借入金	(　　)
貸倒引当金	△(　　)	(　　)	未払法人税等	(　　)
売掛金	(　　)		未払消費税	(　　)
貸倒引当金	△(　　)	(　　)	(　　)収益	(　　)
商品		(　　)	資本金	(　　)
貯蔵品		(　　)	繰越利益剰余金	(　　)
建物	(　　)			
減価償却累計額	△(　　)	(　　)		
備品	(　　)			
減価償却累計額	△(　　)	(　　)		
		(　　)		(　　)

損益計算書

３級

日商簿記検定
第３回　模擬試験
〈問題〉

（制限時間 60分）

第3回模擬試験 問題

制限時間　60分
解答解説　337ページ

第1問（45点）

下記の各取引について仕訳しなさい。ただし、勘定科目は、各取引の下の勘定科目から最も適当と思われるものを選び、記号で解答すること。また、指示がある場合を除き、消費税は考慮しないこととする。

1．備品を￥200,000で購入した。代金は5回払い（支払日は毎月末）であり、第1回目の支払は今月末である。

ア．車　両　イ．貯蔵品　ウ．仕　入　エ．買掛金　オ．未払金　カ．備　品

2．X5年5月20日に車両を売却し、売却代金￥400,000は小切手で受け取った。当該車両の取得原価は￥720,000、前期末における減価償却累計額は￥432,000である。また、減価償却は定額法、耐用年数5年、残存価額ゼロ、間接法で行っている。なお、当社の決算日は3月31日であり、売却時までの減価償却費は月割りにより算定する。

ア．減価償却費　イ．車　両　ウ．減価償却累計額　エ．現　金　オ．固定資産売却益　カ．固定資産売却損

3．得意先へ商品￥300,000を販売し、送料￥5,000を加えた合計額から、手付金￥50,000を差し引い

8．A氏から現金¥600,000を借り入れた。なお、A氏は当社の取締役という立場にある。

ア. 役員借入金　イ. 借入金　ウ. 現金　エ. 従業員預り金　オ. 資本金　カ. 繰越利益剰余金

9．取引先へ¥730,000の貸し付けを行った。貸付期間は３ヶ月（92日）、年利率は９％であり、利息を差し引いた残額について小切手を振り出した。利息の計算は１年を365日とする日割計算により算定する。

ア. 未収利息　イ. 当座預金　ウ. 貸付金　エ. 未収入金　オ. 現金　カ. 受取利息

10. 当期の決算にあたり、決算振替仕訳を行い、当期純利益の金額について、損益勘定から適切な勘定科目へ振り替える。なお、当期の収益の総額は¥784,000、費用の総額は¥627,000である。

ア. 資本金　イ. 現金　ウ. 利益準備金　エ. 損益　オ. 雑益　カ. 繰越利益剰余金

11. 得意先へ商品を販売したため、以下の納品書兼請求書の控えに基づき仕訳を行う。なお、消費税の会計処理は税抜方式による。

納品書兼請求書（控）

品物	数量	単価	金額
商品Y	10	1,500	¥ 15,000
商品Z	20	3,000	¥ 60,000
	消費税		¥ 7,500

第2問（20点）

(1) 当社は定額資金前渡制度（インプレスト・システム）により、小口現金係は毎週月曜日に前週の支払いの報告をし、資金補給を受けている。そこで、次の取引にもとづき、答案用紙の小口現金出納帳の記入を行いなさい。

5月	13日（月）	タクシー代	¥ 6,000
	14日（火）	郵便切手代	¥ 6,900
	15日（水）	お茶代	¥ 3,000
	16日（木）	事務用筆記用具代	¥ 10,500
		電車の定期券代	¥ 15,000
	17日（金）	電話料金代	¥ 4,000
	18日（土）	葉書代	¥ 1,000

(2) 答案用紙に示してある商品売買関係の勘定と損益勘定について、（　　　）に適当な科目または金額を記入しなさい。

〔留意点〕

・会計期間は3月31日を決算日とする1年間である。

・売上原価は仕入勘定で計算する。

・当期中の仕入、仕入戻し、売上、売上戻りは、便宜上全部まとめて記帳してある。

第3問（35点）

次の決算整理事項に基づいて答案用紙の精算表を完成させなさい。会計期間はX3年４月1日からX4年３月31日までの１年である。なお、日割計算が必要な場合であっても、月割計算するものとする。

1．現金の実際有高と帳簿残高を照合したところ、実際有高が￥700不足していたので調査したが、その原因が不明のため、雑損として処理する。
2．受取手形と売掛金の期末残高に対し２％の貸倒れを見積る。（差額補充法）
3．期末商品棚卸高は￥20,000である。なお、売上原価の計算は「仕入」の行で行う。
4．建物に対し定額法によって減価償却を行う。なお、耐用年数は20年、残存価額は取得原価の10％である。
5．毎月の保険料は￥4,000であり、毎年６月１日と12月１日に向う６ヶ月分をまとめて前払いしている。
6．支払家賃のうち￥24,000は×3年５月１日に向こう１年分を前払いしたものである。
7．借入金のうち￥120,000は×3年７月１日に借入期間１年、利率年7.3％で借り入れたもので、利息は６月末日と12月末日に各半年分を支払うことになっている。

第３回模擬試験　答案用紙①

第１問（45点）

	仕訳			
	借方科目	金額	貸方科目	金額
1				
2				
3				
4				

第３回模擬試験　答案用紙②

（前ページより）

	仕訳			
	借方科目	金額	貸方科目	金額
11				
12				
13				
14				
15				

第3回模擬試験 答案用紙③

(2)

繰越商品

日付	摘要	金額	日付	摘要	金額
4/1	前期繰越	75,000	3/31	(　　)	(　　)
3/31	(　　)	(　　)	3/31	次期繰越	(　　)
		(　　)			(　　)

仕入

日付	摘要	金額	日付	摘要	金額
	当期仕入高	600,000		当期仕入戻し	30,000
3/31	(　　)	(　　)	3/31	(　　)	90,000
			3/31	損益	(　　)
		(　　)			(　　)

売上

日付	摘要	金額	日付	摘要	金額
	当期売上戻り	45,000		当期売上高	840,000
3/31	(　　)	(　　)			
		(　　)			(　　)

第３回模擬試験　答案用紙④

第３問（35点）

精　算　表

勘定科目	試算表		修正記入		損益計算書		貸借対照表	
	借方	貸方	借方	貸方	借方	貸方	借方	貸方
現金	16,600							
当座預金	120,500							
受取手形	75,000							
売掛金	100,000							
繰越商品	17,500							
建物	50,000							
買掛金		32,000						
借入金		150,000						
貸倒引当金		750						
減価償却累計額		22,500						
資本金		100,000						
繰越利益剰余金		57,000						
売上		476,000						
受取配当金		3,250						
仕入	210,000							
給料	129,100							

ＣＰＡ会計学院

受験者への注意事項

1．答えは、定められたところに、誤字脱字のないよう、ていねいに書いてください。

2．答案の記入にあたっては、黒鉛筆または黒シャープペンシルを使用してください。

3．仕訳の問題は、借方と貸方それぞれにおいて、同じ勘定科目を用いた場合、不正解とするので留意してください（下記の左の仕訳を右の仕訳で解答した場合は、不正解とする）。

（借）現　金	90	（貸）売　上	100	（借）現　金	90	（貸）売　上	90
売掛金	10			売掛金	10	売　上	10

ア. 法定福利費　イ. 仮　払　金　ウ. 所得税預り金　エ. 給　　料　オ. 現　　金　カ. 租 税 公 課

5. 当社（山梨商事）は食品の卸売業をしている。本日、商品を仕入れ、商品の現物とともに次の納品書を受け取った。代金は後日支払うこととなっている。なお、消費税の会計処理は税抜方式による。

納品書

山梨商事　御中

神奈川食品株式会社

品物	数量	単価	金額
お子さまカレー（50食入りケース）	20	3,500	¥　70,000
高級カレー（50食入りケース）	50	5,000	¥250,000
具だくさんカレー（10食入りケース）	15	4,500	¥　67,500
	消費税		¥　31,000
	合　計		¥418,500

ア. 仮払消費税　イ. 買　掛　金　ウ. 仕　　入　エ. 仮受消費税　オ. 売　　上　カ. 未払消費税

6. 保有する営業用自動車（取得原価¥1,000,000、減価償却累計額¥225,000）を¥700,000で売却し、代金は月末に受け取ることにした。なお、減価償却の記帳方法は間接法を採用している。

ア. 固定資産売却益　イ. 未 収 入 金　ウ. 車両運搬具　エ. 減価償却累計額　オ. 売　掛　金　カ. 固定資産売却損

12. 土地￥10,000,000を購入し、小切手を振り出して支払った。なお、不動産業者への手数料￥350,000は現金で支払った。

ア. 支払地代　イ. 当座預金　ウ. 仮払金　エ. 土地　オ. 支払手数料　カ. 現金

13. 得意先埼玉商事に対する掛代金￥200,000について、同社が発生記録の請求を行い、電子記録債権が生じた。

ア. 仕入　イ. 電子記録債権　ウ. 買掛金　エ. 電子記録債務　オ. 売上　カ. 売掛金

14. 株主総会において、剰余金の配当￥300,000と利益準備金の積立￥30,000が決議された。なお、配当金は当社の当座預金口座から支払う予定である。

ア. 繰越利益剰余金　イ. 未払配当金　ウ. 資本金　エ. 利益準備金　オ. 当座預金　カ. 損益

15. 青森商事へかねて注文を受けていた商品￥400,000を売上げ、代金のうち￥150,000は注文時に受け取った手付金と相殺し、残額は掛けとした。なお、商品売上時に発送運賃￥3,000を現金で支払っている。

ア. 売上　イ. 売掛金　ウ. 前受金　エ. 現金　オ. 旅費交通費　カ. 支払運賃

			6/19	(　　)	(　　)
		68,000			68,000

繰越利益剰余金

6/19	利益準備金	(①)	4/1	前期繰越	685,000
〃	未払配当金	180,000	3/31	(③)	(④)
3/31	(　　)	(②)			
		(　　)			(　　)

損　益

3/31	仕入	594,000	3/31	売上	990,000
〃	給料	150,000			
〃	法人税、住民税及び事業税	81,000			
〃	(⑤)	(　　)			
		(　　)			(　　)

	受取地代	38,000
2,080,000	仕入	
350,000	給料	
180,000	広告宣伝費	
12,000	保険料	
68,000	水道光熱費	
120,000	支払家賃	
6,224,000		6,224,000

7．保険料は全額当期の７月１日に向こう１年分を支払ったものであるため、前払分を月割で計上する。

8．未収地代￥9,000を計上する。

9．未払家賃￥16,000を計上する。

10．当期の法人税等は￥98,000と計算された。

6				
7				
8				
9				
10				

（次ページへ続く）

第2問（20点）

(1)

帳簿の名称	

仕　　訳

取引日		借方科目	金額	貸方科目	金額
3	10				
4	15				
5	20				
5	24				

(2)

①		②		③		④		⑤	

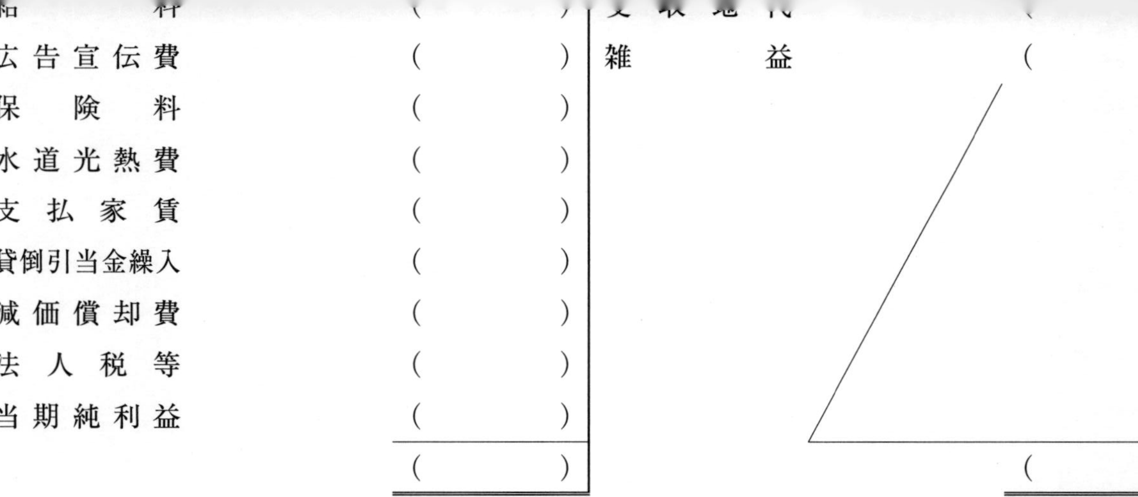

給料	(　　　)	受取地代	(　　　)
広告宣伝費	(　　　)	雑益	(　　　)
保険料	(　　　)		
水道光熱費	(　　　)		
支払家賃	(　　　)		
貸倒引当金繰入	(　　　)		
減価償却費	(　　　)		
法人税等	(　　　)		
当期純利益	(　　　)		
	(　　　)		(　　　)

ＣＰＡ会計学院

受験者への注意事項

1. 答えは、定められたところに、誤字脱字のないよう、ていねいに書いてください。
2. 答案の記入にあたっては、黒鉛筆または黒シャープペンシルを使用してください。
3. 仕訳の問題は、借方と貸方それぞれにおいて、同じ勘定科目を用いた場合、不正解とするので留意してください（下記の左の仕訳を右の仕訳で解答した場合は、不正解とする）。

（借）現　金	90	（貸）売　上	100	（借）現　金	90	（貸）売　上	90
売掛金	10			売掛金	10	売　上	10

ア. 現　　金　イ. 売　掛　金　ウ. 売　　上　エ. 受取商品券　オ. 前　受　金　カ. クレジット売掛金

5. 現金の実際有高が帳簿残高より¥17,000不足していたので現金過不足勘定で処理しておいたがその後原因を調査したところ、通信費の支払額¥8,500、発送運賃の支払額¥7,500および、手数料の受取額¥4,000が記帳漏れとなっていた。原因不明分は雑益または雑損で処理することにした。

ア. 現金過不足　イ. 雑　　損　ウ. 雑　　益　エ. 通　信　費　オ. 支払運賃　カ. 受取手数料

6. 従業員に給料総額¥700,000を支給するに際して、所得税の源泉徴収分¥215,000を差引き、手取金を現金で支払った。

ア. 租税公課　イ. 立　替　金　ウ. 預　り　金　エ. 給　　料　オ. 法定福利費　カ. 現　　金

7. 当社は家具の販売業を営んでいる。本日、店舗の陳列棚として使用するためのラック500,000円を購入し、代金は現金で支払った。

ア. 買　掛　金　イ. 備　　品　ウ. 仕　　入　エ. 当座預金　オ. 広告宣伝費　カ. 現　　金

8. 関東商事は会社事務用のパソコン15台（@¥110,000）を購入し、設置費用¥40,000と合わせて代金は月末払いとした。

ア. 現　　金　イ. 未　払　金　ウ. 買　掛　金　エ. 備　　品　オ. 仕　　入　カ. 雑　　費

出である。

ア. 当座預金　イ. 現　　金　ウ. 修 繕 費　エ. 支払家賃　オ. 支払手数料　カ. 建　　物

13. 法人税等の中間納付を行い、前事業年度の法人税等￥689,000の1/2に当たる、￥344,500を小切手で支払った。

ア. 現　　金　イ. 租税公課　ウ. 仮払法人税等　エ. 未払法人税等　オ. 法人税、住民税及び事業税　カ. 当座預金

14. かねて￥250,000で取得した土地を￥300,000で売却した。売却代金のうち￥100,000は小切手で受け取り、残額は１週間以内に現金で受け取る予定である。

ア. 未収入金　イ. 売 掛 金　ウ. 現　　金　エ. 土　　地　オ. 土地売却益　カ. 土地売却損

15. 売掛金￥100,000の回収として、現金￥40,000と当社振出の小切手￥60,000を受け取った。

ア. 現　　金　イ. 売 掛 金　ウ. 普通預金　エ. 定期預金　オ. 受取手形　カ. 当座預金

へ振り替えた。なお、はがき及び切手は購入時に費用として処理している。また、取得単価ははがきが@¥63、切手が@¥100である。

2．当座預金勘定が（　③　）残高となっている。よって、当座借越勘定に振り替えた。

3．現金実査を行ったところ、現金の実際有高は¥65,000であった。現金の帳簿残高は¥68,400であり、差異について調査したところ支払利息¥300の記帳漏れが判明し、残額は原因不明であったため¥（　④　）を（　⑤　）勘定に計上した。

	繰越利益剰余金	44,600
	売　　　上	429,000
	受 取 家 賃	6,000
290,000	仕　　　入	
92,500	給　　　料	
7,500	保　険　料	
14,500	租 税 公 課	
6,000	支 払 利 息	
984,500		984,500

ロ、定額法により行い、当期に取得した備品は、耐用年数５年、残存価額ゼロ、定額法により行う。

5．貯蔵品は、前期の決算において、未使用分の収入印紙を処理したものであるが、当期首の再振替仕訳が未処理となっている。なお、当期末における未使用の収入印紙は￥500である。

6．毎期、７月１日に12ヶ月分の家賃を前受けしている。

7．消費税について適切な決算整理を行う。

8．当期の法人税等の金額は￥11,000と算定された。なお、中間納付は行っていない。

6				
7				
8				
9				
10				

（次ページへ続く）

第2問（20点）

(1)

補助簿 / 取引	現金出納帳	当座預金出納帳	仕入帳	売上帳	商品有高帳	売掛金元帳	買掛金元帳	受取手形記入帳	支払手形記入帳	固定資産台帳	該当なし
1											
2											
3											
4											
5											

(2)

①		②		③		④		⑤	

売上原価	(　　)	売上高	(　　)
給料	(　　)	受取家賃	(　　)
保険料	(　　)	雑益	(　　)
租税公課	(　　)		
貸倒引当金繰入	(　　)		
減価償却費	(　　)		
支払利息	(　　)		
法人税等	(　　)		
当期純利益	(　　)		
	(　　)		(　　)

ＣＰＡ会計学院

受験者への注意事項

1．答えは、定められたところに、誤字脱字のないよう、ていねいに書いてください。

2．答案の記入にあたっては、黒鉛筆または黒シャープペンシルを使用してください。

3．仕訳の問題は、借方と貸方それぞれにおいて、同じ勘定科目を用いた場合、不正解とするので留意してください（下記の左の仕訳を右の仕訳で解答した場合は、不正解とする）。

（借）現　金	90	（貸）売　上	100	（借）現　金	90	（貸）売　上	90
売掛金	10			売掛金	10	売　上	10

4. 得意先島根商事が倒産し、同社振出の約束手形￥200,000の貸倒処理を行った。なお、約束手形は当期に受け取ったものである。また、貸倒引当金の残高は￥330,000である。

ア. 貸倒損失　イ. 貸倒引当金　ウ. 支払手形　エ. 売上　オ. 受取手形　カ. 貸倒引当金繰入

5. 当社は従業員が負担すべき生命保険料￥40,000を現金で支払った。当該金額は、次の給料支給時に、支給額から差し引くこととなっている。

ア. 租税公課　イ. 従業員立替金　ウ. 従業員預り金　エ. 給料　オ. 保険料　カ. 現金

6. 当期に購入した収入印紙￥80,000（購入時に費用処理済み）のうち、￥74,000は当期中に使用し、￥6,000は当期末において未使用であるため、当期の決算において適切な勘定科目に振り替える。

ア. 現金　イ. 租税公課　ウ. 備品　エ. 雑益　オ. 消耗品費　カ. 貯蔵品

7. 売掛金￥503,000を現金で回収した際に、誤って買掛金勘定の貸方に記帳していたことが判明したため、修正仕訳を行った。

ア. 現金過不足　イ. 売掛金　ウ. 買掛金　エ. 雑損　オ. 雑益　カ. 現金

上記の合計額を翌月末までに下記口座にお振込下さい。
○○銀行　××支店　当座　XXXXXXXXX

ア. 当座預金　イ. 売上　ウ. 仮払消費税　エ. 未払消費税　オ. 仮受消費税　カ. 売掛金

12. 事務用の大型家具￥500,000と消耗品￥15,000の合計￥515,000を業者から購入した。代金のうち￥100,000は現金で支払い、残額は後日銀行振込により支払う。

ア. 備品　イ. 貯蔵品　ウ. 現金　エ. 買掛金　オ. 消耗品費　カ. 未払金

13. 現金実査を行ったところ、現金実査額が現金勘定の帳簿残高よりも￥50,000多かった。原因を調べたところ、売掛金￥43,000を現金で回収した際に、誤って￥34,000と記帳していたことが判明した。残額は原因不明であるため、現金過不足勘定で処理する。

ア. 雑益　イ. 売掛金　ウ. 買掛金　エ. 現金過不足　オ. 現金　カ. 雑損

14. 得意先鳥取商事より商品の手付金として同社振り出しの小切手￥21,000を受け取り、ただちに普通預金に入金した。

ア. 当座預金　イ. 現金　ウ. 普通預金　エ. 売上　オ. 前払金　カ. 前受金

15. 商品（購入単価@￥500、30個）を購入し、代金は約束手形を振り出して支払った。

ア. 当座預金　イ. 支払手形　ウ. 受取手形　エ. 仕入　オ. 売上　カ. 現金

6				
7				
8				
9				
10				

（次ページへ続く）

第2問（20点）

(1)

小口現金出納帳

受入	×4年		摘要	支払	内訳			
					交通費	通信費	消耗品費	雑費
4,800	5	13	前週繰越					
45,200		〃	本日補給					
		〃	タクシー代					
		14	郵便切手代					
		15	お茶代					
		16	事務用筆記用具代					
		〃	電車の定期券代					
		17	電話料金代					
		18	葉書代					
			合計					
		18	次週繰越					
	5	20	前週繰越					
		〃	本日補給					

損益

3/31	(　　　)	(　　　)	3/31	(　　　)	(　　　)

支払家賃	56,000							
支払利息	8,400							
雑損	2,400							
	841,500	841,500						
貸倒引当金繰入								
減価償却費								
(　　) 家賃								
(　　) 利息								
(　　) 保険料								
当期純(　　)								